百濟의 王權

문안식 著

저자 **문안식**

1967년 전남 화순 출생
백제사 전공(문학박사)
한신대학교 학술원 연구교수 역임
현재 조선대학교 사학과 객원교수

백제의 왕권

저　　자 / 문안식
발행인 / 최병식
발행처 / 주류성 출판사
1판1쇄발행 / 2008년 1월 8일
1판2쇄발행 / 2008년 11월 20일
등록 / 1992년 3월 19일 제 21-325호
주소 / 서울특별시 서초구 서초동 1308-25 강남오피스텔 1212호
전화 / 02-3481-1024(대표전화)
전송 / 02-3482-0656
homepage / www.juluesung.co.kr
e-mail / juluesung@yahoo.co.kr

Copyright©문안식, 2008.

값 12,000원

ISBN 978-89-87096-93-3

잘못된 책은 교환해 드립니다.

백제의 왕권

책 머리에

 2006년 여름은 참으로 무덥고 후덥지근한 나날이 이어졌다. 40여 일 동안 지속된 기나긴 장마가 끝나더니 무더위가 기승을 부렸다. 여름 휴가를 아이들의 외가에서 보내기 위하여 해정과 인성이 좋아하는 KTX를 타고 서울로 향하였다. 시속 300km로 달려가는 열차 안에서 아이들의 재롱을 보면서 차장 밖을 무심히 쳐다보았다. 열차는 광주를 떠나 익산을 지나 대전 부근을 통과하고 있었다.
 아내와 함께 아이들의 재잘거리는 모습을 보고 있었다. 지난 2년 동안 몰두하였던 '백제사의 흥망과 전쟁'의 원고를 탈고하여 출판사로 보낸 후 매우 지쳐 있었다. 다음 연구 과제를 찾지 못하고 있었는데, 백제시대의 왕권에 관한 문제를 검토하고 싶은 생각이 갑자기 떠올랐다.
 가족들과 동해안에서 휴가를 보내며 목차를 정리하고 줄거리를 구상하였다. 휴가에서 돌아온 후 초고를 작성하기 시작하였다. 지금까지 작성한 논문과 저서를 참조하여 백제사의 흐름을 왕위계승과 권력투쟁의 관점에서 정리하였다.
 이 책을 집필하면서 필자는 스스로 음모론자가 아닐까 하는 생각이 들었다. 백제의 왕위계승이 온통 궁정 음모와 권력투쟁으로 점철된 것으로 보였기 때문이다. 고대사회를 연구하는 기본 사료에 해당되는 『삼국사기』와 『삼국유사』 등에는 왕위계승을 둘러싼 권력투쟁을 사실 그대로 묘사하지 않고 은폐하거나 간접적으로 서술하였다. 『삼국사기』 등에는 역대 국왕의 권위와 위신을 고려하여 살해, 암살, 폐위 등의 용어를 가능한 한 사용하지 않았다. 다만 백제의 국왕이 외적과의 전투 중에 전사하였거나 살해된 경우에는 사실대로 기록되어 있다. 암살되거나 폐위된 경우에는 직설적인 표현을 자제하고 신왕의 즉위 사실만을 전하는 것이 일반적이다.

이 책은 사료의 이면에 숨어 있는 백제의 왕위계승을 둘러싸고 벌어진 권력투쟁의 양상을 살펴보는 데 목적을 두었다. 우리는 신라 하대사회를 극심한 왕위계승분쟁이 벌어진 대표적인 시대로 간주하고 있다. 신라는 혜공왕의 사망을 계기로 하대사회로 접어들어 150여 년 동안 20명의 국왕이 즉위하는 극심한 왕위계승분쟁이 펼쳐졌다.

백제 역시 신라 하대사회와 비견될 만큼 치열한 왕위계승분쟁이 일어났다. 백제의 왕위계승은 궁정 암투와 음모가 빈발한 권력투쟁의 연속이었다. 백제가 연맹왕국을 형성한 고이왕 이후 정변 등의 내적 갈등과 전사 등의 외적 대립 없이 왕위에 오른 경우는 9대 책계왕, 14대 근구수왕, 15대 침류왕, 18대 구이신왕, 20대 개로왕, 26대 성왕, 29대 법왕, 31대 의자왕의 즉위에 불과하였다.

그 중에서 책계왕은 중국 군현과의 전투 중에 전사하였고, 침류왕은 불교 수용 여파로 폐위되었으며, 구이신왕은 신·구 귀족세력 사이에 벌어진 권력투쟁의 희생물이 되었다. 또한 개로왕과 성왕은 적군에 의하여 살해되거나 전투 중에 전사하였고, 법왕은 정변에 희생되었으며, 의자왕은 백제가 멸망 후 당나라의 장안에 끌려가 비참한 최후를 맞이하였다.

그 반면에 8대 고이왕은 해씨解氏에서 우씨優氏로의 왕실교체, 10대 분서왕은 부왕의 전사, 11대 비류왕은 우씨에서 부여씨夫餘氏 정복왕조로의 왕실교체 과정에서 즉위하였다. 12대 계왕과 13대 근초고왕은 정복집단 내의 갈등과 정변과정에서 권력을 잡아 즉위하였다. 16대 진사왕과 17대 아신왕 및 19대 전지왕은 형제 또는 숙질 사이에 벌어진 왕위계승분쟁에 승리하여 즉위하였다.

20대 비유왕은 정변을 일으켜 즉위하였고, 22대 문주왕은 개로왕과 그 직계 자손이 고구려군에게 몰살되면서 왕위에 올랐고, 23대 삼근왕은 부왕이 암살된 후 권신에 의하여 옹립되었다. 24대 동성왕과 25대 무령왕 역시 정변과정에서 귀족세력에 의해 추대되었거나 자신이 정변의 주체로서 즉위하였다.

27대 위덕왕은 성왕의 전사 이후 3년에 걸친 공위기간 끝에 즉위하였고, 28대 혜왕은 정변을 주도하여 옥좌에 올랐으며, 30대 무왕 역시 정변을 일으킨 귀족세력에 의해 추대되었다.

이와 같이 왕위계승의 전말을 잘 알 수 없는 성읍국가 시기를 제외하고 8대 고이왕부터 31대 의자왕까지 큰 갈등과 알력이 없이 즉위하여 질병이나 노쇠 등에 의해 자연스러운 사망을 맞이한 백제의 국왕은 근구수왕 단 1명에 불과하다. 즉, 3세기 중엽 이후 백제의 왕위에 오른 23명의 국왕 중에서 근구수왕 1명을 제외한 다른 모든 국왕은 즉위와 사망이 정변 또는 전사, 암살 등과 관련되어 있다. 또한 7대 사반왕 역시 즉위과정은 잘 알 수 없지만, 고이왕에 의해 폐위되었음을 고려하면 예외적인 군왕일 수 없다.

백제의 역대 국왕 중에서 정변이나 전왕의 암살·전사 등에 의하여 비정상적으로 즉위하였다가 자신 역시 그렇게 희생된 인물도 진사왕, 비유왕, 문주왕, 삼근왕, 동성왕, 위덕왕 등 6명이 해당된다. 백제의 왕위계승은 전사를 제외하고는 정변이나 반란 혹은 암살, 왕실교체 등으로 점철된 권력투쟁의 연속이었던 것이다.

정변과 음모로 얼룩진 왕위계승은 세련된 미적 감각과 화려하고 아름다운 문화를 소유한 것으로 알려진 백제사회의 면모와는 잘 어울리지 않는다. 그러나 백제의 화려한 문화와 세련된 감각 너머에서 모든 국가의 일반적인 양태인 치열한 권력투쟁과 궁정 암투가 벌어진 사실을 부인할 수 없다.

백제가 역사의 장막 속으로 사라진 지 1347년이 지났다. 2007년 역시 백제의 왕위계승을 방불케 할 만큼 치열한 대선 레이스가 펼쳐지고 있다. 그 와중에 온갖 음모론이 판을 치고 있으며 여러 정파의 합종연횡이 드라마처럼 전개되고 있다. 현재의 대권 경쟁을 바라보면서 백제의 왕위계승과 큰 차이가 없음을 실감하게 된다.

본서의 간행은 학문적 가르침을 주신 이기동, 이종범, 전지용 교수님을 비롯한 여러 선생님의 학은學恩 외에 윤영철, 김현철, 변도섭, 장우헌, 박순철, 고재완, 김강석, 손천수, 류효남,

류택열 씨를 비롯한 벗들의 후원으로 이루어질 수 있었다. 또한 성화대학 김희만 교수님의 여러 가지 배려도 잊을 수 없다.

 끝으로 상업성이 별로 없는 본서의 간행을 기꺼이 맡아주신 주류성출판사 최병식 대표님과 편집부 여러분께도 감사 말씀을 드린다.

2007년 겨울
무등산의 고운 자태가 잘 보이는 연구실에서
문 안 식

차례

책머리에 · 4

1장 백제의 건국과 왕권의 성장 · 13

1. 백제의 건국과 위례성 정도 · 14 / 2. 백제의 발전과 연맹체 형성 · 28 / 3. 고이왕의 집권과 연맹왕국 형성 · 38 / 4. 팽창정책의 좌절과 책계왕의 전사 · 58 / 5. 낙랑 공격과 분서왕의 암살 · 66

2장 왕실교대와 귀족국가의 형성 · 71

1. 정복집단의 등장과 비류왕의 즉위 · 72 / 2. 계왕의 단명과 근초고왕의 집권 · 82 / 3. 근구수왕의 집권과 지배체제의 정비 · 94

3장 국력의 쇠퇴와 왕권의 동요 · 99

1. 불교 수용과 침류왕의 죽음 · 100 / 2. 관미성 함락과 진사왕의 살해 · 106 / 3. 아신왕과 광개토왕의 숙명적인 대결 · 114

4장 왕권의 실추와 귀족세력의 도전 · 127

1. 형제 간의 골육상쟁과 전지왕의 즉위 · 128 / 2. 구이신왕의 집권과 목만치의 전횡 · 140 / 3. 집권층의 알력과 비유왕의 죽음 · 144 / 4. 개로왕의 전제왕권 지향과 파탄 · 154

5장 웅진 천도와 정변의 연속 · 171

1. 해구의 전횡과 문주왕·삼근왕의 시해 · 172 / 2. 동성왕의 집권과 연합정권의 성립 · 182 / 3. 무령왕의 집권과 백제의 중흥 · 196

6장 사비시대의 왕위계승과 정국 동향 · 213

1. 성왕의 집권과 삼국항쟁의 점화 · 214 / 2. 위덕왕의 집권과 귀족연립정권의 성립 · 230 / 3. 대륙정세의 변화와 연이은 정변의 발생 · 238 / 4. 무왕의 집권과 왕권의 회복 · 242

7장 지배층의 내분과 백제의 멸망 · 257

1. 의자왕의 집권과 친위정변의 단행 · 258 / 2. 집권층의 분열과 사비성 함락 · 272 / 3. 내분으로 무너진 부흥운동 · 282

색인 · 297

1장 백제의 건국과 왕권의 성장

1. 백제의 건국과 위례성 정도

백제는 고구려 출신의 유이민으로 알려진 온조가 무리를 거느리고 내려와 B.C. 18년 무렵에 건국한 국가로 알려져 있다.[1] 온조의 백제 건국은 신라와 고구려가 각각 B.C. 55년과 B.C. 37년에 세워진 것과 비교하여 두 세대 늦은 것이다. 그러나 『삼국사기』에 보이는 건국 시기와는 달리 삼국의 발전과정은 고구려가 가장 앞섰고, 그 뒤를 백제와 신라의 순서로 이루어졌다.[2]

백제의 건국은 북방에서 내려온 선진적인 고구려계 이주민에 의하여 주도되었다. 온조를 비롯한 백제의 건국 주체세력이 고구려에서 남으로 내려온 것은 왕권 다툼에서 밀려난 것이 계기가 되었다. 『삼국사기』 백제본기(이하 백제본기)에 의하면 온조는 소서노召西奴라는 여자의 아들이며, 부여에서 내려와 졸본지역에 고구려를 세운 주몽의 양아들이었다.

주몽은 소서노를 비롯한 졸본지역 사람들의 적극적인 도움

---

1) 『三國史記』 권23, 百濟本紀1, 溫祚王 卽位年.
2) 이는 고구려의 건국 기년을 참조하여 신라와 백제를 일정한 간격을 유지하면서 연도를 배치한 것이며(李基東・李基白, 1982, 『한국사강좌』(1) 고대편, 일조각, 141쪽), 갑자년 혁명설을 토대로 하여 신라를 중심에 두고 삼국의 건국연도를 조정한 것이다(今西龍, 1933, 「新羅史通說」, 『新羅史研究』/ 末松保和, 1966, 「舊三國史と三國史記」, 『靑丘史草』 2).

을 받아 고구려를 세웠다. 그러나 온조는 주몽의 실자實子 유리가 부여에서 내려와 태자가 되자, 무리를 이끌고 한강 유역으로 내려와 백제를 건국하게 되었다.

그러나 온조를 주몽의 아들로 전하는 기록은 역사적인 사실을 정확이 반영하는 것은 아니다. 백제를 건국하여 시조가 된 온조의 권위를 높이고 정통성을 확립하기 위하여 주몽과 부자관계로 꾸며낸 설화에 불과하다.[3]

온조는 부여에서 내려온 주몽과는 달리 졸본지역의 토착민 출신이었다. 온조의 친부는 북부여를 건국한 것으로 알려진 전설적인 인물인 해부루의 후손 우태優台이었고, 모친은 연타발延陀勃의 딸이었던 소서노이었다. 온조는 부여에서 내려온 주몽과는 달리 졸본지역에 거주한 우태와 서소노 사이에 태어났다.

....
3) 백제의 건국설화와 왕실의 계통에 대해서는 다음의 글을 참조하기 바란다.
　　盧明鎬, 1981,「百濟의 東明說話와 東明墓」,『歷史學研究』10 ; 金哲埈, 1982,「百濟建國考」,『百濟研究』특집호 ; 盧重國, 1983,「解氏와 夫餘氏의 왕실교체와 초기백제의 성장」,『김철준박사 화갑기념사학논총』; 徐大錫, 1985,「百濟神話研究」,『백제논총』1 ; 李基東, 1987,「마한 영역에서의 백제의 성장」,『마한백제문화』10 ; 金杜珍, 1990,「백제건국설화의 복원시론」,『국사관논총』13, 국사편찬위원회 ; 朴燦圭, 1994,「百濟 仇台廟 成立背景에 대한 一考察 － 그 外的 要因을 중심으로」,『學術論叢』17, 단국대 대학원 ; 李鍾泰, 1998,「百濟始祖 仇台廟의 成立과 繼承」,『韓國古代史研究』13.

그런데 소서노는 사람 이름이 아니라 압록강 중류의 지역 집단인 '나那 또는 노奴'의 명칭일 가능성이 높다. 졸본지역은 주몽이 부여에서 내려와 고구려를 세우기 이전부터 이미 비류수渾江 주변의 여러 골짜기에 '나국那國'으로 불리는 소국들이 존재하였다.

이들 소국은 통합과 복속과정을 거쳐 국내지역의 계루집단과 졸본지역의 소노집단을 비롯하여 몇몇 큰 단위체로 통합되었다. 이들 중에서 처음에는 소노부가 주도권을 장악하였으나, 부여에서 이주한 집단이 중심이 된 계루부가 세력을 키워 국가 운영을 주도하였다. 그리하여 고구려는 제6대 태조왕 때에 이르러 계루부가 소노부를 밀어내고 왕권을 차지하게 되었다.[4]

따라서 고구려의 건국과정을 소노부 중심으로 본다면 주몽이 건국자일 수 없다. 주몽은 계루부 왕실의 상징적 존재에 불과하였으며, 훗날 왕권을 장악한 계루부가 자신들의 정통성과 유구성을 강조하기 위하여 건국의 시조로 꾸며낸 것이다. 이

----

[4] 계루부가 소노부를 밀어내고 고구려의 왕권을 장악한 시기에 대해서는 동명왕대설(金基興, 1987, 「고구려의 성장과 대외무역」, 『韓國史論』16, 서울대 국사학과, 32~37쪽), 유리왕대설(金龍善, 1980, 「高句麗 琉璃明王考」, 『歷史學報』87, 60~62쪽), 태조왕대설(李鍾泰, 1990, 「고구려 太祖王系의 등장과 朱蒙國祖意識의 성립」, 『北岳史論』2, 국민대 사학과) 등이 있다. 그러나 계루부가 고구려의 왕권을 장악한 것은 태조왕 때일 가능성이 높은 것으로 추정된다.

를 통해 주몽은 계루부의 상징적인 존재이며 고구려의 건국 시조로 역사에 이름을 남기게 되었다.

태조왕의 즉위를 계기로 하여 소노부는 왕권에서 밀려났지만 서기 2세기 말~3세기 초까지도 자체적으로 종묘와 사직에 제사 지내는 등 독자적인 세력기반을 유지하였다.[5] 소노부의 일부 집단은 왕권의 교체과정에서 계루부의 압박을 피하여 다른 곳으로 이주하였는데, 이들 중에서 한반도 중부지역으로 내려온 집단이 온조 일파였다.

백제본기에는 온조가 B.C. 18년에 백제를 건국한 것으로 되어 있지만, 백제의 건국은 고구려에서 계루부가 왕권을 장악한 태조왕 무렵으로 추정된다. 태조왕은 『삼국사기』에 의하면 재위 기간이 A.D.53년~146년이고, 『후한서』 고구려전에는 A.D.105년에 그 재위가 확인되기 때문에, 온조가 무리를 이끌고 내려와 백제를 건국한 것은 늦어도 1세기 후반 무렵에는 이루어졌다.

고구려에서 내려와 백제를 건국한 온조가 소노부 출신임을 고려하면 최초의 백제 왕실은 해씨解氏 집단으로 구성되었다. 소노부는 제2대 유리왕부터 제5대 모본왕까지 고구려의 왕권을 차지하였으며 그들의 성은 해씨이었다.[6] 해씨집단은 스스

---

5) 『三國志』권30, 魏書30, 烏丸鮮卑東夷傳 30, 高句麗.
6) 소노부는 제2대 유리왕부터 제5대 모본왕까지 고구려 연맹체의 주

로를 부여 출신으로 간주하고, 그 뿌리를 북부여왕 해부루에서 찾았다. 그러나 온조의 아버지로 전해지는 우태가 해부루의 '서손庶孫'을 자처한 것으로 보아, 정통 부여계는 아니고 방계로서 해씨 성을 칭한 것으로 판단된다.

온조가 처음 나라를 세웠을 때 국호는 십제十濟였고, 후대에 이르러 백제伯濟로 바뀌었다가 다시 백제百濟라는 명칭이 사용되었다. 백제의 국호인 '십제十濟'와 '백제百濟'는 한자어의 뜻 그대로 나루터를 가리킨다. 십제는 열 개의 포구, 백제는 백 개의 포구를 각각 장악하고 있을 무렵의 국호에 어울린다.[7] 십제에서 백제로의 국호 개칭은 국가의 성장과 발전에 따른 자연스런 변화였다.

……….

도권을 장악하였는데(金哲埈, 1975, 「백제사회와 그 문화」, 『한국고대사회연구』, 일지사, 46쪽), 제6대 태조왕에게 건국의 시조에 해당되는 시호를 부여한 것은 계루부가 유일한 왕통임을 천명하려는 의도였다(盧明鎬, 1981, 위의 글, 75쪽). 한편 모본왕까지의 解氏王系와 태조왕 이후의 高氏王系의 관계에 대해서 직계와 방계로 파악하는 견해도 있다(金賢淑, 1984, 「고구려의 解氏王과 高氏王」, 『大丘史學』47). 또한 고구려 연맹체사회의 주도권은 처음에는 해씨 왕계인 소노부가 장악하였고, 나중에 이르러 고씨왕계인 계루부가 계승한 것으로 보기도 한다(盧泰敦, 1994, 「高句麗 初期 王系에 대한 一考察」, 『李基白先生古稀紀念論叢』上, 一潮閣). 한편 『三國遺事』 왕력 편에서는 유리왕에서 모본왕까지의 왕들의 성을 解氏라고 하였다.

7) 趙法鍾, 1989, 「백제 별칭 응준고」, 『한국사연구』66집, 3~8쪽.

『후한서』와 『삼국지』 등에 의하면 백제伯濟라는 국호는 늦어도 2세기 중엽 무렵에 사용되었다. 중국 사람들은 백제를 마한의 속국으로 인식하였고, 그 명칭을 마한 54국 중의 일개 소국인 백제伯濟로 기록하였다.

중국에서 마한을 대신하여 백제百濟라는 국명을 사용한 최초의 역사책은 『진서』 동이전이다. 근초고왕이 372년에 동진東晉에 사절을 파견하여 처음으로 국교를 맺은 후 백제百濟라는 국호가 중국의 역사책에 실리게 되었다. 그러나 백제百濟라는 국호를 사용하기 시작한 것은 연맹왕국 단계에 도달한 고이왕대 이후였다.

『주서周書』를 편찬한 당나라의 사가史家들은 백제에 관한 내용을 정리하면서 중국군현과의 대규모 무력분쟁 끝에 연맹왕국을 형성한 고이왕(구이)의 존재를 주목하였다. 이들은 성읍국가 백제伯濟를 건국한 온조 대신에 연맹왕국 백제百濟를 형성한 고이왕(구이)을 백제의 실질적인 건국자로 이해하였다.

백제 사람들이 자국의 기원을 온조왕이 세운 십제十濟에서 찾은 것에 비하여, 중국 사람들은 고이왕대에 이룩된 연맹왕국 백제百濟에서 구하였다. 그런데 백제의 건국자가 온조왕과 고이왕이 아니라 비류沸流와 도모都慕라는 별도의 인물이었다는 주장이 국내외의 역사책에 전해지고 있다.

백제의 시조가 온조라는 주장은 백제본기 온조왕 조의 본문과 『삼국유사』 남부여·전백제 조에 전하며, 비류설은 백제본기 온조왕 조의 세주에 기록되었다. 그 반면에 도모설은 『속일본기』 등 일본의 역사책에만 전하고, 구이설은 『주서』와

『수서』의 백제전 등 중국의 문헌에 남아 있다.

따라서 백제의 시조 전승은 하나의 계통이 아니라 다수였음을 알 수 있다. 그러나 백제를 건국한 시조가 한 사람이 아니고, 다수라는 점은 선뜻 수긍하기 어렵다. 이러한 모순은 비단 백제만의 경우가 아니라 고구려와 신라도 해당된다. 고구려는 주몽 이외에 다른 의미를 갖는 시조始祖 또는 국조國祖가 존재했는데, 태조왕 때에 이르러 계루부 왕족의 영도권이 확립되면서 하나로 통합되기에 이르렀다.[8]

그 반면에 신라는 박朴·석昔·김金 3성이 왕위를 차례로 차지하였지만, 내물왕 때에 이르러 김씨왕권의 세습체제가 확립되었다.[9] 백제 역시 고구려나 신라의 경우와 같이 왕실이 교립하였을 가능성이 높다. 백제의 시조가 역사책에 따라 여러 인물로 전해지는 것은 발전과 성장 과정에서 일어난 왕실교체와 관련이 있다.

온조는 성읍국가 백제伯濟를 건국하였고, 구이는 연맹왕국 백제百濟를 형성한 고이왕이며, 비류는 중앙집권적 귀족국가의 토대를 마련한 비류왕과 관련된다. 도모는 백제의 건국과는 직접적인 연관성은 없지만, 부여계 정복집단의 상징적인 인물인 동명을 지칭한다.[10] 백제의 왕권을 둘러싸고 복잡하게 전개

---

8) 金哲埈, 1956, 「高句麗·新羅 官階組織의 成立過程」, 『李丙燾博士華甲記念論叢』.

9) 李基白·李基東, 1982, 『한국사강좌(Ⅰ)-고대편』, 일조각. 149쪽.

된 일련의 사건은 근초고왕 때에 역사서가 편찬되면서 일원적으로 정리되었다. 그러나 중국과 일본의 역사가들은 백제의 공식 입장과는 다른 별도의 전승을 남겨 놓았던 것이다.

온조가 고구려에서 내려와 백제를 세운 터전은 위례라 불리는 지역이었다. 온조 집단은 고구려를 떠나 패수와 대수라는 두 강을 건너서 내려 왔다. 패수와 대수는 예성강과 임진강으로 각각 비정되기 때문에 서해안 항로를 타고 남하했거나 평안도 지역을 관통하여 내려온 것으로 파악된다. 그런데 온조 집단이 압록강을 건너 강계에서 함흥으로 내려와 원산을 거쳐 추가령지구대를 통과하여 중부지역으로 진출하였을 가능성도 없지 않다.

온조 일파가 정착한 위례의 위치에 대해서는 예로부터 다양한 의견이 제시되었다. 조선시대 중기까지는 위례를 『삼국유사』에 남아 있는 기록에 근거하여 충남 직산으로 파악하였다.[11] 직산설이 정약용(1762~1836)에 의해서 논파된 후 오늘의 서울 강북 일원으로 보는 주장이 널리 받아들여지게 되었다.[12]

하북설의 근거는 한성시대 백제의 수도였던 하남위례성의

----
10) 文安植, 2004, 「백제의 시조전승에 반영된 왕실교대와 성장과정 추론」, 『동국사학』40.
11) 『三國遺事』권1, 王曆1, 百濟1, 溫祚王 15年.
12) 丁若鏞, 「我邦疆域考-慰禮考-」, 『與猶堂全書』, 6集 3册.

대칭적 의미로 하북위례성을 설정한 것 외에도, 온조가 삼각산 인수봉에 해당되는 부아악에 올라 도읍지를 선택하였다는 기록에 의거한다.[13] 그 위치에 대해서는 삼각산 동쪽 기슭,[14] 세검정 일대,[15] 경기도 고양,[16] 서울 강북,[17] 북한산성,[18] 중랑천 일대[19] 등 다양한 견해가 제시되었다.

그러나 위례성은 해당 사료가 부족하고 관련 유적과 유물이 별로 남아 있지 않아 정확한 장소를 알 수 없는 실정이다. 위례성은 '위례'가 '우리柵'를 뜻하는 말에서 기원한 것[20]으로

·········

13) 『三國史記』권23, 百濟本紀1, 溫祚王 前文.
14) 丁若鏞, 『彊域考』권3, 慰禮考/金龍國, 1983, 「河南慰禮城考」, 『鄕土서울』41.
15) 李丙燾, 1976, 「慰禮考」, 『한국고대사연구』, 박영사.
16) 金映遂, 1957, 「百濟國都의 變遷에 對하여」, 『전북대논문집』1.
17) 千寬宇, 1976, 「삼한의 국가형성」下, 『한국학보』3/사회과학원력사연구소, 1979, 『조선전사-중세편』4.
18) 金廷鶴, 1981, 「서울근교의 백제유적」, 『鄕土서울』39.
19) 車勇杰, 1981, 「위례성과 한성에 대하여(1)」, 『鄕土서울』39/崔夢龍·權五榮, 1985, 「고고학 자료를 통해 본 백제초기의 영역고찰」, 『천관우선생환력기념 한국사학논총』/成周鐸, 1985, 「百濟城址硏究」, 동국대 박사학위논문.
    金起燮, 1990, 「백제전기 都城에 관한 일고찰」, 『청계사학』7.
20) 慰禮라 함은 우리말에 匡郭의 둘레를 울[劃陴]이라고 하는데, 이것이 위례와 발음이 비슷하며, 城柵을 세우고 흙을 쌓아 匡郭을 만들었기 때문에 위례라고 한 것이다(丁若鏞, 「我邦疆域考-慰禮考-」, 『與猶堂全書』, 6集 3册).

집안지역의 고구려 적석총(산성하고분군)
집안은 국내성이 위치한 곳이며, 왕궁터를 중심으로 주변에 1만 2천여 기의 고분들이 산재해 있다. 광개토왕릉이 위치한 우산하고분군을 필두로 하여 산성하고분군과 칠성산고분군, 마선고분군에 주로 옛 무덤들이 흩어져 있다.

볼 때 다른 성읍국가의 중심지와 별 차이가 없었다.

위례성은 자연 구릉을 최대한 활용한 상태에서 목책을 세우고 일부를 흙으로 쌓은 상태에 불과하였다. 이처럼 위례성은 그 위치를 증명할 수 있는 고고 유적이나 자료를 찾기가 쉽지 않기 때문에 정확한 장소를 밝히기 어렵다.

다만 백제를 건국한 온조 일파가 고구려계 이주민이었던 점을 고려하면 무기단식 적석총이 축조된 지역과 위례성은 인접했을 가능성이 높다. 적석총의 가장 이른 형식인 무기단식 적석총은 압록강 중·상류와 대동강·청천강 상류지역에 분포하고 있다.

온조 집단은 고구려에서 남하하여 한반도 중부지역에 정착한 이후에도 원래의 거주지에서 사용하였던 무기단식 적석총을 축조하여 사망한 사람들을 매장하였다. 무기단식 적석총은 즙석봉토분, 즙석묘, 즙석식 적석묘 등 다양한 명칭으로 불리고 있다.[21] 현재까지 한반도 중부지방에서 발견된 무기단식 적석총은 임진강 유역의 군사분계선 일대와 남·북한강 유역에 조영되어 있다.[22]

이곳의 무기단식 적석총은 몇 기의 조사를 통해 1~2세기 혹은 2~3세기에 걸쳐 축조된 사실이 밝혀졌다.[23] 그 반면에 서울을 중심으로 하는 한강 하류지역은 서기 1~2세기에 걸쳐

---

21) 한강유역에 조영된 무기단식 적석총의 명칭에 대해서는 葺石封土墳(李道學, 1995, 『백제 고대국가 연구』, 일지사, 90쪽), 葺石墓(崔秉鉉, 1994, 「묘제를 통해 본 4~5세기 한국 고대사회」, 『한국고대사논총』6, 한국고대사회연구소), 葺石式 積石墓(朴淳發, 1993, 「한성백제 성립기 諸墓制의 편년검토」, 『백제고고학의 제문제』한국고대학회 제5회 학술발표회 논문집) 등 다양한 의견이 제기되고 있다.
22) 임진강 유역은 파주시 육계토성 부근과 연천군 중면 삼곶리와 군남면 선곡리·백하면 학곡리·마산면 우정리 등에 적석총이 축조되었다. 그 반면에 남한강 유역은 경기도 남양주 진중리·금남리, 양평군 문호리·양수리·석장리, 충북 제천 양평리·도화리, 강원도 평창군 응암리·마지리·하안미리 등에 무기단식 적석총이 조영되어 있다. 한편 북한강 유역은 춘천시 천전리·중도 등에 무기단식 적석총이 조영되어 있다.
23) 문화재관리국·문화재연구소, 1994, 『연천 삼곶리 백제적석총 발굴조사 보고서』, 45쪽.

연천 삼곶리 무기단식 적석총 전경
임진강 강변에서 약 500m 떨어진 곳에 위치하며 동서 길이 28m, 남북 길이 14m, 높이 1.5m 내외이다. 동·서 2개의 무덤을 덧붙여 축조한 쌍분으로 기초부의 평면형태는 표주박 모양을 이룬다.

문화적 공백지대였던 관계로 백제의 건국과 관련되는 유적이 남아 있지 않다. 이 무렵 한강 하류지역은 낙동강 유역이나 충남지역의 세형동검문화와 비교하여 힘의 공백지대로 남아 있었다.[24]

일제시대의 조사 보고에 의하면 송파구 석촌동 일대에 66

----
24) 權五榮, 1986,「초기백제의 성장과정에 관한 일고찰」,『韓國史論』 15.

오녀산성 원경
오녀산성은 온조왕의 부친으로 전해지는 주몽이 고구려를 건국한 흘승골성으로 알려져 있다. 오녀산성은 환인현 소재지에서 동북쪽으로 8.5km 떨어진 오녀산(820m)의 남쪽 등성이 두어 개를 포괄하여 전체 길이가 2,440m에 이른다. 성은 동남쪽으로 큰 골짜기를 끼고 있고 서남쪽과 동북쪽에 약간 낮은 곳이 있으며, 서쪽과 북쪽 및 동북쪽은 대부분 깎아지른 듯한 수십 미터 높이의 낭떠러지를 이룬다.

기의 적석총이 있었는데, 이곳에 적석총이 축조된 시기는 3세기 중엽 무렵이었다.[25] 즉, 서울 강남지역에 적석총이 조영된 것은 백제가 하남위례성으로 천도한 이후였다.

따라서 무기단식 적석총이 조영된 임진강 유역의 파주시와 연천군 일대가 온조 일파가 내려와 건국의 터전을 마련한 위

---

25) 林永珍, 1994, 「漢城時代 百濟의 建國과 漢江流域 百濟古墳」, 『百濟論叢』 4.

례지역으로 판단된다. 온조는 고구려에서 남하하여 한강 하류 지역에 정착한 것이 아니라 곳곳에 무기단식 적석총이 조영된 임진강 유역에 건국의 기틀을 마련하였다.[26]

....

26) 한편 남·북한강 유역 양 지역에 걸쳐 적석총을 조영한 집단은 백제본기에 보이는 말갈세력이었다. 고구려에서 남하한 동일한 집단이 한반도 중부지방에 정착하여 적석총을 조영하였는데, 이들은 각기 임진강 유역의 초기 백제와 남·북한강 유역의 말갈세력권을 형성하면서 일정시기까지 병존하였다(文安植, 2002, 『백제의 영역확장과 지방통치』, 신서원, 84쪽).

2. 백제의 발전과 연맹체 형성

온조 일파는 마한과 낙랑 사이의 완충지대로 남아 있어 문화적으로 후진지역에 속하는 임진강 유역에 정착하였다. 원래 임진강 유역은 중국 한漢나라가 고조선을 멸하고 설치한 4군 중에서 진번군이 관할하는 지역이었다.

진번군이 폐지된 후 임진강 유역을 비롯한 예성강 이남지역은 마한의 세력권에 포함되었다. 그러나 마한의 실질적인 범위는 안성천 이남지역에 국한되었고, 그 이북지역은 낙랑군과의 완충지대에 속하였다.[27] 이곳은 마한의 세력권에 포함되었지만 다른 지역과는 차이가 적지 않았다.

마한의 중심지역은 목지국과 건마국이 위치한 아산만 일대와 금강 유역이었다. 마한의 중심지역에 미치지 못하지만 영산강 유역의 토착사회도 주목할 만한 성장을 하고 있었다. 온조는 마한의 북쪽 변경에 속하는 임진강 유역에 정착하면서 마한왕의 양해를 받고 백제를 건국하였다.

백제본기 온조왕 24년 조에는 온조가 마한왕의 양해를 받아 정착하는 과정이 남아 있다.

---

27) 文安植, 2006, 「백제 한성기 北界와 東界의 변천에 대하여」, 『백제연구』44.

왕이 처음 강을 건너 거처할 곳이 없자, 내가 동북 일백 리의 땅을 떼어 편안히 거주케 하였으니, 왕을 대우함이 두터웠다 할 것이다.

그런데 백제가 건국한 마한의 동북 1백리는 오늘날의 지리적 척도 개념이라기보다는 제후국의 영역에 해당되는 상징적 수치이다.[28] 마한이 백제에게 할양한 사방 백리는 『맹자』 만장장구萬章章句 하편의 기록과 같이 천자에게 예속된 제후국의 영역을 의미한다.

또한 마한이 준 동북 1백리는 할양이 아니라 온조를 비롯한 고구려계 이주민 집단이 임진강 유역에 정착한 것을 묵인한 것에 다름 아니다. 백제를 속국으로 삼아 부용관계를 맺은 마한세력은 목지국이었으며, 그 대표자는 진왕辰王으로 불리었다.

목지국과 백제 사이의 종주-부용 관계는 백제의 성장에 따른 세력관계의 변화에 상관없이 오랫동안 유지되었다. 백제는 북방의 군현과 동쪽의 말갈세력과 대립하고 있었기 때문에 남쪽의 마한과 충돌을 피하려고 하였다.

백제는 임진강 유역에 건국의 기틀을 마련한 후 주변의 여

....

28) 李鍾旭, 1976, 「百濟의 國家形成-三國史記 百濟本紀를 중심으로-」, 『大丘史學』11, 41쪽.

백제와 낙랑군의 경계가 된 저탄의 위치
저탄은 예성강 중류지역에 위치한 평산군과 금천군을 연결하는 중요한 길목으로 훗날 경기도와 황해도의 도계道界가 되었다. 『산경표山經表』에 저탄이 잘 표시되어 있다.

러 소국에 영향력을 확대하면서 발전을 거듭하였다. 그러나 예성강 이남에서 임진강 이북에 속하는 모든 지역이 백제의 영역은 아니었다. 백제는 일개 소국에 불과하였고 주변의 다른 소국들과 경쟁을 하였다. 이 단계의 소국을 성읍국가로 부르고 있는데,[29] 임진강 유역에는 백제 외에도 상당수의 다른

---

29) 성읍국가는 여러 집단 가운데 우월한 집단을 중심으로 둘레에 성곽을 쌓고 각종 공공시설을 설치하여 하나의 독립된 국가체제를 말한다. 그리고 지연地緣을 중심으로 성립된 성읍국가가 외형적으로 확대되면 연맹왕국 혹은 영역국가를 형성하게 된다. 성읍국가

성읍국가들이 존재하였다.

백제는 성읍국가에서 출발하여 주변의 소국들을 병합하면서 성장을 거듭하였다. 백제본기에 따르면 온조왕 27년에 마한을 멸망시켰고, 3세기 중엽의 고이왕 때에는 6좌평제와 16관등제가 확립될 만큼 잘 짜여진 국가체제를 가진 것으로 되어 있다.

그런데 『삼국지』 동이전에 의하면 3세기 중엽에 이르러서도 마한에는 54개의 성읍국가가 있었다. 백제는 마한 54 소국 중의 일개 성읍국가에 불과하였다. 또한 2세기 중반 이전에는 한족세력을 대표하여 군현과의 대외교섭에 백제 국왕보다는 마한의 목지국의 진왕이 주도권을 장악하였다.[30]

백제가 연맹왕국 단계에 도달한 것은 3세기 중엽 고이왕대였으며, 마한을 복속한 것은 4세기 초반에 이루어졌다. 백제본기에 온조왕 때의 사실로 전하는 대부분의 사료는 백제의 발전과정에서 이루어진 후대의 일들이 소급하여 정리되었다. 백제본기 온조왕 조에 기록된 일련의 사실은 성읍국가 단계의

.... 들이 몇 개 연합해서 성립된 것이 연맹왕국이며, 성읍국가는 여전히 독립적으로 존재하고 중대한 사안이 있을 경우에만 연맹을 통해 문제를 해결하였다(李基白, 1976, 『韓國史新論(개정판)』, 일조각, 25~26쪽/千寬宇, 1976, 「三韓의 國家形成(上)」, 『韓國學報』2).

30) 한반도 남부지방의 토착세력에 대한 진왕의 영향력이 발휘된 것은 2세기 중반까지였으며, 그 이후에는 상징성 정도만 유지되었을 가능성이 높다(文安植, 2002, 앞의 책, 38쪽).

백제국 사정을 전하는 것이 아니라 연맹왕국 단계의 실정을 기록한 것이다.[31]

백제는 온조를 거쳐 다루왕-기루왕-개루왕-초고왕-구수왕-사반왕으로 왕위계승이 이어졌다. 그 과정에서 백제의 성장 분수령이 된 것은 2세기 중엽에 낙랑군이 약화되어 한족세력에 대한 통제기능이 상실된 것이 계기가 되었다.

백제를 비롯한 한족세력은 군현이 약화되자 통제에서 벗어나 독자적인 발전이 가능하게 되었다. 『삼국지』 동이전에는 그러한 모습이 잘 기술되어 있다.

> 환제와 영제 말기에 한(韓)과 예(濊)가 강성하여 군현이 제대로 통제하지 못하니, 많은 백성들이 한국(韓國)으로 유입되었다.

중국의 후한(後漢)은 정국이 혼란해져 곳곳에서 호족이 출현하여 세력 확장을 꾀하면서 중앙집권력이 약화되었다. 낙랑군은 후한이 쇠퇴하여 변방의 군현에 대한 지원이 약화되자 한족세력(韓族勢力)을 통제하기 어렵게 되었다.

낙랑군의 약화는 진왕의 권위 상실로 이어졌고 삼한 각지

---

31) 李基東, 1987, 「마한영역에서의 백제의 성장」, 『마한·백제문화』 10, 52쪽.

의 토착세력은 그 영향력에서 벗어나 독자적인 발전을 꾀하였다. 목지국의 진왕은 낙랑군의 한족대책에 대응하여 토착세력 사이의 이해관계를 조정하면서 대외교섭권을 장악하면서 실리를 도모하였다.[32]

그러나 진왕의 영향력은 군현의 약화와 때를 같이 하여 교역권이 붕괴되고 철기 보급을 통하여 각 지역별로 새로운 교역의 대상과 중심지가 대두되면서 점차 위축되었다.[33] 진왕의 권위 약화와 때를 같이 하여 백제와 신라가 유력한 세력으로 등장하였다.

백제는 목지국 진왕의 간섭을 벗어나 독자적인 발전을 추구하면서 진통을 겪게 되었다. 백제는 군현에서 유입되는 선진문화를 수용하여 국가발전의 원동력으로 삼았다. 백제의 건국 주체세력은 고구려에서 선진문화를 체험한 이주민 집단이었다. 이들은 국가조직을 편성하여 운영할 수 있었고 기마와 철제무기를 바탕으로 뛰어난 군사적인 능력도 겸비하였다.[34]

백제야말로 낙랑군의 약화에 편승하여 토착세력의 성장을 주도한 '한예韓濊' 강성의 주체였던 것이다. 또한 '영서예嶺西

---

32) 武田幸男, 1994, 「魏志東夷傳における馬韓」, 『文山金三龍博士古稀紀念論叢』, 355쪽.
33) 李賢惠, 1984, 『삼한사회 형성과정 연구』, 일조각, 171쪽.
34) 李鎔彬, 1999, 「백제초기의 지방통치체제 연구」, 『실학사상연구』 12, 104~111쪽.

滅'로 불리는 백제본기의 말갈세력 역시 두각을 나타나게 되었다. 백제는 임진강 유역에 거주하던 다양한 집단과 공존하면서 국가발전을 모색하였다.

백제가 건국한 임진강 유역 일대에는 고구려에서 내려온 온조 집단 외에도 낙랑군에서 남하한 이주민, 마한 방면에서 북상한 사람들과 원래의 토착세력이 혼거하였다. 백제를 비롯한 마한의 북방세력을 『삼국지』 등이 마한전의 사료를 이용하여 '근군제국近郡諸國'으로 명명하기도 한다.[35] '근군제국'은 백제를 비롯하여 원양국·모수국·상외국·소석색국·대석색국·우휴모탁국·신분고국이 포함되었다.

백제의 지배층은 주변 소국들과 연대를 도모하여 연맹체를 형성하고 주도권을 장악하여 나갔다. 백제는 '근군제국'과 연맹을 구축하면서 국가의 외연을 확대하여 나갔다. 낙랑군의 통제력 상실 및 목지국의 위축과 더불어 군현에 거주하던 선진적인 주민들의 유입은 백제의 성장을 위한 토대가 되었다. 그 결과 백제는 2세기 중엽 이후 이웃한 말갈과 더불어 군현이 쉽게 통제할 수 없을 만큼 성장하였다.

이를 통해 백제는 목지국과 더불어 유력한 소국으로 부각되었다. 이를 반증하듯이 『후한서』 한전에는 다음과 같은 주목할 만한 기록이 남아 있다.

---

[35] 文昌魯, 2005, 「마한의 세력범위와 백제」, 『한성백제총서』, 94쪽.

한韓은 모두 78개 나라로서 백제伯濟는 그 중의 하나이다.

『후한서』 한전에는 마한을 비롯하여 삼한의 여러 소국의 명칭은 생략하였지만 백제만을 특별히 언급하고 있다. 마한의 여러 소국 가운데 백제를 거명한 것은 목지국과 함께 마한의 유력한 존재로 성장한 사실을 반영한다.

백제는 2세기 중엽 이후 주변 소국에 대한 영향력을 확대하면서 낙랑군이 무시할 수 없는 나라로 성장한 것이다. 그러나 아직 마한사회의 대표적인 존재는 목지국 진왕이었으며, 그 외에 금강 유역의 건마국乾馬國과 영산강 유역의 신미국新彌國 수장이 백제의 국왕과 필적할 만큼의 위상을 갖고 있었다.

한편 백제 국왕은 자국 내에서나 주변 소국들에 대해서 절대적인 권한을 행사하지 못하였다. 백제 국왕의 주변 소국에 대한 영향력은 대외교섭 및 상호 간의 분쟁 해결 등에 국한되었고, 징세나 치안 등의 내부 문제는 소국이 자체적으로 처리하였다.

백제는 『삼국지』 한전에 의하면 "그 풍속은 기강이 흐려서 국읍國邑에 비록 주수主帥가 있어도 읍락에 뒤섞여 살기 때문에 제대로 다스리지 못하였다"[36]라고 하였듯이, 왕과 백성이 잡거하면서 아직 통치 기강이 확립되지 못한 상태에 머물렀다.

....
36) 『三國志』 권30, 魏書30, 烏丸鮮卑東夷傳 30, 韓.

해남 군곡리 삼한시대 유적에서 출토된 복골
목포대 박물관에서 발굴한 군곡리 유적에서 출토되었다. 복골은 점을 치는 데 쓰던 뼈나 뼈로 만든 도구이다. 복골은 짐승의 어깨뼈를 불로 지진 다음 거기에 새겨진 금을 보고 점괘를 보는 것과 거북의 껍데기나 짐승의 어깨뼈에 글자를 새겨 놓고 그것으로 점괘를 보는 것이 있었다.

백제는 관등제를 비롯하여 상비군, 징세체제, 치안기구 등의 권력 장치를 갖추지 못한 상태에 머물렀다.

또한 백제국을 대표하는 국왕이 사망하였을 때에도 왕위계승을 둘러싸고 갈등의 소재가 없지 않았다. 이 무렵에는 부자 상속이 제도적으로 뒷받침될 만큼 왕권이 강화되지 못하였기 때문에 왕위계승분쟁은 자주 일어났다.

백제본기에는 온조왕 이래 장자 상속의 원칙에 입각하여 왕위가 계승된 것으로 기록되었지만, 이와는 다른 실력 위주의 왕위계승분쟁이 빈발하였을 가능성이 높다. 왕권의 위상이 취약한 상태에 있었기 때문에 국왕의 재위 기간 중에 정변이나 여러 가지 갈등으로 인한 왕위 교체가 후대보다 훨씬 더 쉽고 자주 행해졌을 것이다.

또한 전쟁의 패배, 가뭄이나 질병의 만연 등으로 국가 존망의 위기에 처하거나 민생이 어려워지면 그 책임을 물었던 부여[37]와 마찬가지로 백제 역시 국왕이 정치적 책임을 졌을 가능성이 높다. 백제는 왕권이 미약하고 그 영향력이 발휘되는 범위가 주변 소국에 한정되는 단계에 머물렀지만, 점차 근군제국의 여러 소국을 대표하는 존재로 부상되어 갔다.

....
37) 『三國志』권30, 魏書30, 烏丸鮮卑東夷傳 30, 夫餘.

3. 고이왕의 집권과 연맹왕국 형성

백제가 연맹왕국을 형성한 것은 고이왕대에 이르러 실현되었다. 백제가 비약적으로 성장한 것은 240년에 벌어진 중국군현과의 무력 충돌이 기폭제가 되었다. 백제와 군현 사이에 긴장관계가 조성된 것은 238년 무렵에 위魏가 공손씨를 대신하여 낙랑군과 대방군을 관할하기 시작하면서였다.

위는 공손씨가 대방군을 방치한 것과는 달리 철저한 군현지배를 시행하는 강경책으로 선회하였다. 위는 2군을 평정하면서 한족세력에 대해서 책봉관계를 맺고 인수印綬를 더해 주는 등의 회유책을 구사하였다.[38]

위의 군현지배는 처음에는 조공관계의 회복을 통한 구래의 중국적인 세계질서를 회복하는 선에서 그쳤다. 그러나 관구검毌丘儉이 주도하여 242년부터 246년까지 위군魏軍의 동방 침입이 추진되면서 상황은 급변하게 되었다.

위는 고구려와 옥저에 대해서는 유주자사幽州刺史 휘하의 주력과 그 주변의 이민족, 요동과 현도의 군대를 동원하여 초토화 작전을 수행하였다. 그 반면에 백제를 비롯한 한족사회에 대해서는 그 영향력을 제고하여 후한 말 이래 초래된 통제 불능 상태를 개선하려고 하였다.

---

38) 『三國志』권30, 魏書30, 烏丸鮮卑東夷傳 30, 韓.

위나라 장수 관구검의 기공비
1906년 길림성 집안현에서 발견되었으며, 『삼국사기』 기록이 정확함을 입증하고 있다.

위는 군현과 인접한 백제를 비롯한 한족사회에 대해서도 직접지배를 실시하려고 하였다. 군현은 고구려의 영향력을 차단하여 동예를 재차 지배하게 되면서 인적·물적 자원을 확충하기 위하여 직접적인 수취체계 내로 편입하였듯이,[39] 인근의 한족사회에 대해서도 유사한 정책을 취하였다.

군현은 인적 기반을 강화하기 위해서 낙랑에서 이탈한 다수의 유이민이 머물고 있던 '진한 8국'을 주목하였다. 이에 대

---

39) 『三國志』권30, 魏書30, 烏丸鮮卑東夷30, 濊.

해서는 『삼국지三國志』 동이열전 한전에 보이는 사료가 참조된다.

> 부종사部從事 오림吳林은 낙랑이 본래 한국을 통치했다는 이유로 진한辰韓 8국을 분할하여 낙랑에 넣으려 하였다. 그때 통역하는 관리가 말을 옮기면서 틀리게 설명하는 부분이 있었기 때문에, 신지臣智가 한인韓人들을 격분케 하여 대방군의 기리영을 공격하였다. 이때 대방태수 궁준弓遵과 낙랑태수 유무劉茂가 군사를 일으켜 이들을 정벌하였는데, 궁준은 전사하였으나 2군은 마침내 한韓을 멸하였다.

진한 8국의 위치는 예성강 이남의 경기지역,[40] 춘천에서 충주에 이르는 중부지역,[41] 영남의 일부 지역[42] 등으로 보고 있다. 그러나 진한 8국은 군현과 인접한 예성강 이남에서 임진강 이북 사이에 위치한 것으로 판단된다.

위魏가 군현에 인접한 진한 8국마저 직접 통제하려고 하자 근군제국의 수장들은 크게 자극 받게 되었다. 이들은 위의 강

---

40) 李丙燾, 1976, 『한국고대사 연구』, 박영사, 121쪽.
41) 崔海龍, 1997, 「辰韓聯盟의 形成과 變遷 - 下」, 『大丘史學』53, 5쪽.
42) 池内宏, 1928, 「曹魏の東方經略」, 『滿鮮地理歷史研究報告』12, 245쪽.

경한 군현정책에 맞서 즉각적인 대항보다는 차후의 대안을 모색하면서 위기를 극복하려고 하였다. 백제를 포함하여 한족세력들은 소극적인 저항의 형태로 원래의 거주지를 벗어나 다른 지역으로 이동하였다.[43]

백제는 군현과 말갈이라는 강력한 적을 방어하기 위하여 강을 방벽으로 이용할 수 있는 곳으로 도읍을 옮기게 되었다. 백제가 도읍지로 선택한 하남위례성은 북으로는 한강을 끼고 남으로는 비옥한 평야가 펼쳐져 있으며, 동으로는 산으로 둘러싸여 있는 천험의 요충지였다.

하남위례성의 위치에 대해서는 여러 곳이 주장되었지만 그 정확한 장소는 알 수 없는 형편이다. 하남위례성은 직산,[44] 광주廣州 고읍,[45] 한산성,[46] 춘궁리 일대,[47] 광장진 너머의 한남토성지,[48] 이성산성,[49] 몽촌토성,[50] 남한산 북쪽 기슭,[51] 풍납토

---

43) 文安植, 1995, 앞의 글, 43쪽/李賢惠, 1997, 「3세기 馬韓과 伯濟國」, 『백제의 중앙과 지방』백제연구논총5, 충남대 백제연구소, 5~23쪽
44) 『三國遺事』권1, 王曆1, 百濟, 溫祚王 15年.
45) 丁若鏞, 「與猶堂全書」권3, 慰禮考.
46) 申景濬, 「疆界考」, 『旅菴全書』.
47) 鮎貝房之進, 1934, 「百濟古都案内記」, 『朝鮮』234호.
48) 金映遂, 1957, 「百濟國都의 變遷에 대하여」, 『전북대논문집』1.
49) 尹武炳, 1974, 「한강유역에 있어서의 백제문화연구」, 『백제연구 학술대회』.
50) 李基白, 1975, 『백제문화-백제문화학술회의록-』7·8합.
51) 千寬宇, 1976, 「삼한의 국가형성(하)」, 『한국학보』3.

복원된 풍납토성
풍납토성은 한강 연변의 평지에 축조된 순수한 토성으로, 남북으로 길게 타원형을 이룬다. 성벽의 길이는 동벽 1,500m, 남벽 200m, 북벽 300m 정도이며, 서벽은 1925년의 홍수로 유실되었다. 전체 길이는 둘레 3,740m에 이르며 현재는 2,679m 정도 남아 있다. 북벽의 경우 높이가 약 8m이고, 기초 부분의 너비는 약 30m이다.

성,[52] 몽촌토성과 이성산성 사이,[53] 하남시 교산동토성[54] 등으로 보고 있다. 그러나 성곽의 규모나 몽촌토성과 풍납토성의 축조에 필요한 노동력과 출토 유물의 성격 등으로 볼 때 몽촌토성은 군사적 거점, 풍납토성은 정치적 거점인 왕성으로 보는 견해[55]가 타당한 것으로 생각된다.

----

52) 金廷鶴, 1981, 「서울근교의 백제유적」, 『향토서울』39.
53) 車勇杰, 1981, 「위례성과 한성에 대하여」, 『향토서울』39.
54) 金崙禹, 1993, 「하북위례성과 하남위례성」, 『사학지』26.

한편 백제를 비롯한 한족세력의 남하 이동에 대하여 모든 집단이 동의한 것은 아니었다. 종래의 거주지를 벗어나 새로운 땅을 찾아가는 것은 쉬운 일이 아니었다. 한족세력의 일부 집단은 위가 관할하는 군현에 저항하지 않고 타협하면서 기득권을 유지하려고 하였다.

위魏는 이들에 대하여 세력규모에 맞게 책봉하면서 외교관계를 맺고 기득권을 보호하였다. 사반왕을 비롯하여 백제의 지배층 일부도 임진강 유역의 원거주지였던 위례성을 떠나지 않고 현지에 계속 남아 있고자 하였다.

그 반면에 군현에 인접한 임진강 유역을 벗어나 남으로 내려간 사람들도 적지 않았다. 이들은 위가 진한 8국을 장악하여 인적, 물적 지배를 강화하여 수탈을 일삼자 남으로 내려가게 되었다. 이들을 이끈 인물은 다름 아닌 고이 또는 구이라고 불리는 사람이었다. 고이는 휘하의 집단을 이끌고 한강 이남 지역으로 내려와 하남위례성에 정착하게 되었다.

한편 백제가 건국지이었던 위례지역을 벗어나 하남위례성으로 천도한 시기에 대해서 백제본기에는 온조왕 13년(B.C. 6)으로 밝히고 있다. 백제가 하남위례성으로 천도한 배경은 백제본기 온조왕 13년 조와 같이 주로 낙랑과 말갈의 침입 때

....
55) 林永珍, 1995,「百濟漢城時代古墳研究」, 서울대 대학원 박사학위논문.

몽촌토성의 성벽
몽촌토성은 둘레가 약 2.7km이며, 높이는 6~7m 정도이다. 1984년과 1985년의 2차례 발굴조사 결과, 목책 구조와 토성 방비용 해자로 되어 있는 이중 구조로 밝혀졌다.

문이었다.

우리나라의 동쪽에는 낙랑이 있고, 북쪽에는 말갈이 있어 영토를 침략하므로 편안한 날이 적다. 하물며 요즈음 요망한 징조가 자주 나타나고 국모가 돌아가시니 형세가 스스로 편안할 수 없다. 장차 꼭 도읍을 옮겨야 하겠다.

그런데 백제가 연맹체를 형성하여 발전하기 시작한 2세기 중엽 이후 공손씨가 204년 무렵에 대방군을 설치하기 이전까지 백제와 낙랑 사이에 긴장관계는 조성되지 않았다. 백제와 군현의 충돌과 그에 따른 하남위례성 천도는 3세기 이후에 이

몽촌토성 목책
목책은 적의 침입을 막기 위하여 임시방편적으로 만들었다. 급히 방어시설을 만들거나 대량의 노동력을 구할 수 없는 지역에 주로 설치되었다.

루어졌고, 그 사실이 온조왕대로 소급하여 정리되었다.[56]

  백제와 군현 사이에 대립관계가 조성된 것은 위가 공손씨를 대신하여 낙랑군과 대방군을 관할하여 적극적인 대외정책을 펼친 이후였다. 위는 영서의 말갈세력을 선진문물의 선사 등을 통해 끌어들여 백제 공격의 전위세력으로 이용하였다.

  영서의 말갈세력은 군현과 우호관계를 유지하는 것이 선진

---

56) 文安植, 2000,「百濟의 領域擴張과 邊方勢力의 推移」, 동국대 대학원 박사학위논문, 105쪽.

문물의 수용과 교역관계를 맺는 데 도움이 되었고, 백제를 견제할 수 있는 효과적인 방안이었다. 군현과 말갈세력은 상호간에 동일한 이해관계를 가지고 있었기 때문에 백제에 맞서 공동으로 대처하였다.[57]

백제는 이들의 압력에 밀려 한강 하류지역으로 내려와 오늘날의 서울 강남지역에 정착하게 되었다. 백제는 하남위례성 천도를 전후하여 온조계의 해씨왕실을 대신하여 고이가 이끄는 우씨집단優氏集團이 두각을 나타나게 되었다.[58]

백제는 사반왕이 이끄는 임진강 유역의 집단과 고이가 이끌고 남하하여 한강 하류지역의 하남위례성에 정착한 집단으로 나뉘어져 복수의 왕실이 일시 병존하였을 가능성이 있다. 임진강 유역에 남아 있던 사반왕을 대신하여 남하를 주도한 고이가 이끄는 집단이 점차 백제의 새로운 지배세력으로 등장

....

57) 낙랑과 말갈의 접촉은 고고 유적과 출토유물을 통해서도 입증된다. 남한강과 북한강 중상류지역에서 낙랑계 유물은 강원도 춘천 신매리 및 중도, 횡성 둔내, 원주 법천리유적, 충북 중원군 하천리 등에서 출토되었다. 한반도 중부지방의 원삼국시대 낙랑계 출토유물과 그 성격에 대해서는 다음의 글을 참조하기 바란다. 김무중, 2004,「고고자료를 통해 본 백제와 낙랑의 교섭」,『호서고고학』11집, 호서고고학회).
58) 金起燮, 1993,「漢城時代 百濟의 王系에 대하여」,『韓國史研究』83/姜鍾元, 1998,「4세기 백제 정치사 연구」, 충남대 대학원 박사학위 논문/文安植, 2004,「백제의 시조전승에 반영된 왕실교대와 성장과정 추론」,『동국사학』40.

하였다.

고이왕은 따르는 백성들을 데리고 한강을 건너 한산 아래에 목책을 세우고 거주케 하였다. 고이왕은 노동력과 물자가 많이 소요되는 대규모 성곽을 축조하기에는 시간이 부족하였기 때문에 서둘러 목책을 세워 백성들을 옮겼다.[59]

고이왕은 사절을 보내 천도 사실을 마한에 알렸고, 시간을 갖고 성곽과 궁궐을 수축하는 등 도읍을 정비하였다. 고이왕이 지은 궁실은 검소하면서도 누추하지 않았고 화려하면서도 사치스럽지 않았다.[60] 또한 고이왕은 부락을 순회하면서 백성을 위로하고 농사를 장려하는 등 민생안정에도 각별한 관심을 기울였다.

위魏는 고이왕을 비롯한 상당수의 주민들이 한강을 건너 남으로 내려가자, 위례성을 공격하여 불태우는 등 횡포를 부리면서 보복하였다.[61] 사반왕을 비롯하여 군현의 압력에 굴복한 집단은 점차 도태되고, 하남위례성으로 천도한 후 전쟁을 주

----

59) 백제가 하남위례성을 축조하고 방어시설을 마련한 것은 사료 상에는 온조왕 13년에 이루어진 것으로 기록되었다. 그러나 백제가 하남위례성으로 천도한 것은 고이왕 때에 군현의 압박과 말갈의 침입에 시달리면서 이루어졌다. 고이왕은 아직 체계적인 왕성의 구조와 방어체계를 확보하지 못하고, 목책을 세우고 민호를 옮기는 수준에 그쳤다.
60) 『三國史記』권23, 百濟本紀1, 溫祚王 15年.
61) 『三國史記』권23, 百濟本紀1, 溫祚王 17年.

도하여 승리로 이끈 집단이 권력을 장악하게 되었다.

고이왕이 사반왕을 대신하여 백제의 제8대 왕으로 정식 즉위하게 되었다. 백제의 8대 왕으로 즉위한 고이왕은 초고왕의 둘째 아들로 전해진다. 두 사람의 부자관계는 초고왕의 재위기간이 166년~214년이며, 고이왕의 재위기간이 234년~286년이기 때문에 그대로 믿기는 곤란하다.

초고왕이 사망한 후 백제의 왕위는 맏아들인 구수왕(재위기간 214~234)이 계승하였고, 구수왕의 사후에 맏아들 사반왕이 왕위를 이어 받았다. 백제본기 사반왕 조에 의하면 사반은 어린 나이에 즉위하여 정사를 잘 살필 수 없어 고이왕에게 양위한 것으로 기록되었다.[62]

그러나 고이왕이 자신의 종손자가 되는 사반왕을 대신하여 왕위에 오른 것은 납득이 잘 되지 않는다. 고이왕은 온조왕에서 초고왕과 그의 후손인 사반왕으로 이어지는 왕계와 다른 집단 출신이었다. 고이왕은 자신이 속한 집단의 정통성을 강조하기 위하여 초고왕의 둘째 아들을 자처하였을 가능성이 높다.

사반왕과 고이왕의 왕위계승에 대해서는 여러 가지 다른 견해가 전해지고 있다. 백제본기 고이왕 조에 의하면 초고왕의 큰 아들 사반이 계승하였지만 나이가 어려 정사를 볼 수 없

---

[62] 『三國史記』권24 百濟本紀2, 古尒王 卽位年.

으므로 대신하여 즉위한 것으로 기록되었다. 그 반면에 『삼국유사』 남부여·전백제 조에는 사반이 폐위된 뒤에 고이왕이 즉위한 것으로 되어 있고, 사반이 사망한 뒤에 즉위하였다는 다른 견해도 전한다.

 이는 고이왕이 정상적인 과정을 거쳐서 왕위에 오른 것이 아니었음을 반영한다. 이 때문에 고이왕을 온조왕의 후예가 아니라 미추홀에 정착한 비류계의 후손으로 보기도 한다.[63] 비류 집단은 김포·강화·서산 등의 토광묘 축조세력과 연결되며, 온조 집단은 한강 유역에서 적석총을 조영한 계통으로 이해하는 경우도 있다.[64] 비류계와 온조계가 지역연맹체를 형성한 가운데 처음에는 비류집단이, 초고왕 때부터는 온조 집단이 주도권을 잡은 것으로 보기도 한다.[65]

 고이계를 온조-초고계와 분리시켜 백제의 서북방에 위치한 소국의 출신으로, 백제본기에 보이는 말갈세력과 관련된 것으로 파악하는 견해도 있다.[66] 그러나 고이왕의 즉위는 온조의 직계에서 방계로의 전환을 의미하지 않고, 하남위례성 천도 과정에서 이루어진 왕실 교체와 관련이 있다.[67]

---

63) 千寬宇, 1976, 「三韓의 國家形成(下)」, 『韓國學報』3.
64) 權五榮, 1986, 「초기백제의 성장과정에 관한 일고찰」, 『한국사론』 15, 88쪽.
65) 盧重國, 1988, 『百濟政治史硏究』, 일조각, 76~77쪽.
66) 金起燮, 1993, 「漢城時代 百濟의 王系에 대하여」, 『韓國史硏究』83.

49

또한 고이왕의 즉위는 온조계 내부의 직계에서 방계로의 변화가 아니라 새로운 우씨왕계優氏王系의 등장을 의미한다. 이는 고이왕 27년에 왕제王弟인 우수優壽가 내신좌평에 임명된 사실을 통해서도 입증된다.[68]

한편 백제의 시조를 온조나 비류로 보는 『삼국사기』 기록과는 달리 『주서』와 『수서』 등 중국의 역사책에는 구이仇台라는 별도의 인물이 보인다. 『주서』 백제 조에는 대방의 땅에서 구이가 백제를 건국한 사실을 전하고 있다.

구이에 대해서는 『삼국사기』 백제본기에 비류의 생부로 전하는 우태優台의 음전音轉이라는 견해,[69] 온조의 형으로 전해지는 비류로 보는 견해,[70] 근초고왕,[71] 부여신 하백녀河伯女[72] 등으로 보고 있다. 그러나 구이를 고이왕의 별칭으로 보는 주장이 타당한 것으로 생각된다.

중국정사에서 백제의 시조전승 등 풍부한 내용이 기록된 것은 당나라 시대에 편찬된 『주서』와 『수서』 등의 백제전이었다. 그러나 같은 시기에 편찬된 남조 계열의 『양서』는 백제의

---

67) 文安植, 2004, 앞의 글.
68) 『三國史記』권24, 百濟本紀2, 古爾王 27年.
69) 千寬宇, 1976, 앞의 글, 134~137쪽.
70) 金聖昊, 1982, 『비류백제와 일본의 국가기원』, 지문사, 41~45쪽.
71) 金在鵬, 1976, 「百濟仇台考」, 『朝鮮學報』78.
72) 王民信, 1986, 「百濟始祖'仇台'考」, 『百濟研究』1, 충남대 백제연구소.

기원과 계통을 마한 54국에서 성장하여 발전한 국가로 파악하는 점에서 차이를 보인다.

그런데 백제의 시조 전승에 관한 내용은 3세기 후반에 편찬된 『삼국지』에 서술될 여지가 없었다. 진수陳壽(233~297)가 『삼국지』를 편찬할 무렵 중국인은 백제를 독립된 국가로 인정하지 않고, 마한 소국 중의 하나인 백제국伯濟國으로 인식하였기 때문이다.

백제의 시조전승은 중국의 사서에서 『주서』 단계에 이르러 처음으로 그 내용이 서술되었다. 『주서』를 편찬한 중국의 역사가들은 백제에 관한 내용을 정리하면서 중국군현과의 무력분쟁 끝에 연맹왕국을 형성한 고이왕(구이)의 존재를 주목하였다.

백제는 고이왕 때에 이르러 연맹왕국을 형성하고 마한의 대외교섭을 주도하면서 동아시아 국제사회에 알려지게 되었다. 『주서』 등에 전하는 백제의 건국자 구이는 하남위례성 천도를 거쳐 연맹왕국의 형성을 주도한 고이왕을 가리킨다.[73]

고이왕은 하남위례성으로 천도하여 방어시설과 왕궁을 수축하고 민생안정에 진력하였다. 고이왕은 군현 및 말갈과의 대립을 피하고 내정의 정비와 집권체제의 마련에 주력하였다. 고이왕은 진충眞忠을 좌장左將으로 삼아 중앙과 지방의 군사에

---

73) 文安植, 2004, 앞의 글.

관한 직무를 맡겼다. 또한 고이왕은 성격이 충직하여 실수 없이 일을 처리하는 숙부 질質을 우보右輔로 삼아 국정을 처리하게 하였다.

고이왕은 진씨와 근친 왕족을 내세워 집권체제를 정비하고 국정안정을 도모하였다. 진씨는 왕족 및 해씨와 더불어 백제의 건국 초부터 멸망의 순간까지 국정에 주도적으로 참여하여 크게 활약한 집단이었다. 진씨는 마한 출신이 아니라 군현지역에서 내려온 이주민 집단이었다.

진씨는 평양 정백동 19호 분에서 출토된 청동으로 만들어진 귀모양의 등잔에 '진씨뢰眞氏牢'라는 명문이 있는 것처럼 낙랑지역 출신이었다. 진씨는 중국에서 건너온 이주민은 아니었고 등잔 등을 만드는 기술직에 종사한 토착민이었다.[74]

그 반면에 해씨는 온조와 함께 고구려에서 내려온 이주민에 기원을 두고 있다. 고이왕은 온조계의 해씨왕실을 대신하여 우씨왕실을 개창하고, 진씨와 근친 왕족을 중용하여 왕권안정을 도모하였다. 고이왕은 군사력 강화를 위해 군대 훈련과 효율적인 지휘체계 확립에 노력하였다.

고이왕은 서문 밖으로 나가 활쏘기를 구경하는 등 군사 훈련에 많은 신경을 썼다. 고이왕은 큰 제단을 설치하고 자신이 직접 천지와 산천에 제사를 지내는 등 전통신앙을 바탕으로

---

74) 梁起錫, 2000, 「百濟 初期의 部」, 『한국고대사연구』17, 182쪽.

국왕의 권위와 위엄을 높이려고 노력하였다.

그 외에도 고이왕은 민생안정과 농업 생산력 발전에도 큰 노력을 기울였다. 고이왕은 백성들에게 진펄을 개간하여 벼를 재배할 수 있는 논의 개발을 명하기도 하였다.[75] 백제에서 쌀 농사 경작이 국가적인 차원에서 권장되기 시작한 것은 이때부터였다.

백제의 경우 벼농사는 4세기경으로 추정되는 하남 미사리 유적이 논이 아니고 밭이라는 점, 중원 하천리의 주거지 내부에서 보리알을 포함한 밭 곡물이 토기 속에 보관된 상태로 발견된 것 등으로 볼 때 쌀의 재배는 그리 활발하지 않았다.[76]

고이왕은 기존의 밭농사 외에 논을 개발하여 연맹왕국 유지에 필요한 물자를 조달하려 하였다. 고이왕은 국정이 정비되고 왕권이 강화되자 군현의 압박에 맞서 적극적인 대항을 모색하였다. 고이왕이 반격의 기회를 잡은 것은 위군魏軍의 동방작전이 고구려에 밀려 수세를 처하게 되면서였다.

동방사회를 위압하던 위의 영향력은 고구려군의 분전에 의하여 기세가 점차 약화되었다.[77] 고이왕은 이를 틈타 무력행사를 통해 군현의 분할지배 의도와 진한 8국에 대한 영유권 주

---

75) 『三國史記』권24, 百濟本紀1, 古尒王 9年.
76) 權五榮, 1995, 「백제의 성립과 발전」, 『한국사』6, 국사편찬위원회, 25쪽.
77) 『三國史記』권17, 高句麗本紀5, 東川王 20年.

장을 정면으로 거부하였다. 고이왕은 대방의 기리영을 공격하여 군현의 간섭을 분쇄하고 진한 8국의 영유권을 유지하려고 하였다.

고이왕의 기리영 공격은 낙랑과 대방 2군의 태수가 직접 군대를 이끌고 동예를 침입한 때에 이루어졌다. 군현은 예측치 못한 일격을 당하자 군사를 돌이켜 접전을 벌였으나, 열세를 극복하지 못하고 대방태수가 전사하는 등 큰 어려움을 겪었다.

백제군은 소기의 목적을 달성한 후 많은 포로를 사로잡아 돌아왔다. 고이왕은 포로로 잡은 낙랑 사람들을 송환하면서 그 등급에 따라 속전贖錢을 받고 돌려보냈다. 고이왕은 기리영 공격이 성공리에 끝난 뒤 전쟁에 참여한 장병들에 대하여 논공행상을 실시하였다.

고이왕은 먼저 남쪽 제단에서 천지신명에게 제사를 지내면서 승전의 소식을 고하였다. 고이왕은 기리영 전투를 주도한 진충眞忠을 우보右輔로 임명하여 국정을 담당하도록 하였고, 진물眞勿은 좌장左將으로 삼아 군사에 관한 전반적인 일을 맡아보게 하였다.[78]

고이왕은 군현과의 무력 충돌 끝에 분할통치 의도를 분쇄하고 성장을 위한 일대 전기를 마련하였다. 고이왕은 외부로

---

78) 『三國史記』권24, 百濟本紀2, 古尒王 14年.

부터 가해지는 위협에 대한 대처방안으로 군사권과 외교권을 장악하여 왕권의 강화를 도모하면서 강력한 통솔력을 갖춘 정치권력자로 성장하였다.

고이왕의 여러 분야 걸친 빛나는 치적을 통해 백제는 발전을 거듭하였다. 고이왕은 국정 안정과 왕권 강화를 바탕으로 연맹왕국의 토대를 굳건히 하기 위해 율령을 반포하였다. 그 외에도 고이왕은 6좌평과 남당의 설치·16관등 제정·복색 규정 등 일련의 개혁을 추진하였다. 이러한 개혁조치가 모두 고이왕 때에 이루어진 것으로 보기는 어렵지만, 후대에 완비된 관직제도의 기본골격은 일정 정도 형성되었다.[79]

백제의 국정이 안정되고 대외적인 긴장이 풀리자 국가의 홍복을 기리는 상서로운 기운마저 감돌았다. 백제는 258년(고이왕 26) 가을에 푸르고 보랏빛 나는 구름이 마치 누각 모양으로 왕궁의 동쪽 하늘에 떠오르는 등 국태민안의 시기를 맞이하였다.

고이왕의 일련의 성공적인 정책 추진에 의한 왕권강화는 260년 정월 초하룻날에 있었던 남당에서의 정사 처리를 통해 엿볼 수 있다. 고이왕은 주색으로 된 큰 소매 달린 도포와 푸른 비단 바지를 입고, 금으로 만든 꽃으로 장식한 오라관을 쓰

---

79) 盧泰敦, 1977, 「삼국의 정치구조와 사회·경제」, 『한국사』2, 국사편찬위원회, 220쪽

고, 흰 가죽띠를 두르고, 검은 가죽신을 신고 남당에 앉아서 정사를 처리하였다.[80]

백제는 고이왕의 집권 말기에 이르러 대외관계에서 큰 변화를 맞이하게 되었다. 백제는 위나라가 멸망한 후 서진(西晉)과 교섭관계를 맺게 되었다. 고이왕은 내정정비와 제도개혁을 통하여 확대된 지배체제를 마련하였고, 280년 이래 서진과의 통교에서 최고집권자로서 대외관계를 주도하였다.

고이왕은 낙랑이나 대방과 같은 한반도 소재하는 군현을 벗어나 요서지방의 동이교위부(東夷校尉府)까지 사절을 보내 조공하였다.[81] 고이왕은 낙랑군이나 대방군과의 교섭에 만족하지 않고 몇 차례에 걸쳐 외교사절을 동이교위부까지 파견하였다.

중국에 대한 조공은 군현을 예방하는 것으로 시작되었고, 군현은 이들을 맞이하여 그 업무를 주관하였다. 군현은 토착

----

80) 『三國史記』권24, 百濟本紀2, 古尒王 28年.
81) 고이왕이 요서의 동이교위부에 사절을 파견한 것은 晉代였다. 晉은 274년 幽州를 분할하여 平州를 설치하면서 東夷校尉를 두었다. 그러나 요동 방면으로 선비 모용씨의 진출이 두드러지면서, 동이교위는 과거 선비를 감호하던 오환교위의 역할까지 겸유하는 등 그 활동의 폭이 확대되었다(權五重, 1987, 「樂浪郡을 통해 본 古代 國家 內屬郡의 性格」, 서강대 박사학위논문, 114~118쪽). 동방정책의 중심은 이전의 '유주-낙랑 · 대방 · 현도'의 체계에서 동이교위가 직접 통괄하는 체계로 바뀌게 되었고, 현도 · 낙랑 · 대방은 이전의 중개 기능조차 상실하게 되었다(오영찬, 2006, 『낙랑군연구』, 사계절, 219쪽).

세력의 국왕이라든가 정사正使 또는 차사次使가 격식을 갖추고 조공 사절을 이끌고 온 경우를 제외하고는 황제의 대리자 위치에서 자체적으로 업무를 처리하였다.

그러나 백제는 고이왕의 집권 말기에 이르러 자국의 관등을 소유하고 관복을 착용한 사절을 요서의 동이교위부까지 파견하게 되었다. 백제의 사절이 요서의 동이교위부까지 방문한 것은 국가 간의 공식적인 외교관계가 시작되었음을 의미한다.

고이왕의 집권 초기와 말기는 대외관계에서 상전벽해桑田碧海와 같은 변화가 이루어졌다. 백제가 군현을 매개로 하여 서진까지 사절을 보낼 수 있었던 것은 고이왕 때가 역사상 변혁기였음을 반증한다.[82]

....
82) 李基東, 1990, 앞의 글, 59쪽.

4. 팽창정책의 좌절과 책계왕의 전사

고이왕이 집권 53년째인 285년에 사망하자 큰 아들 책계왕이 즉위하였다. 책계왕은 청계靑稽라고 불리기도 하였는데, 체격이 장대하고 의지와 기품이 걸출한 인물이었다. 책계왕은 즉위 후 고이왕이 이룩한 연맹왕국의 토대를 굳건히 하고 내부집단을 통제하는 데 주력하였다.

책계왕이 즉위한 후에도 백제와 군현 사이의 화평관계는 깨지지 않고 그대로 지속되었다. 책계왕은 대방왕의 딸인 보과寶菓를 아내를 맞이하는 등 군현과 우호관계를 맺고 있었다. 책계왕은 고구려의 침입을 받은 대방의 요청을 받아들여 구원군을 보내기도 하였다.[83]

백제와 군현의 우호관계는 양쪽의 균형이 유지되고 있었기 때문에 가능하였다. 그러나 291년에 일어나 16년간 지속된 '팔왕의 난'으로 진晉이 쇠퇴하고 군현이 약화되면서 양측의 관계는 변화가 일어났다. 진은 위를 계승하여 265년에 건국되었는데, 한반도 중남부지역 토착사회와의 교섭에 적극적인 노력을 기울이지 않았다.

위가 촉·오와 대치한 상황에서 남방물자에 큰 관심을 가졌던 반면에, 진은 280년 대륙을 통일하면서 중국 자체 내에

---

83) 『三國史記』권24, 百濟本紀2, 責稽王 卽位年.

서 물자를 거의 자급할 수 있게 되어 대외교섭의 필요성이 감소되었다. 진의 소극적인 대외정책은 낙랑군과 대방군의 약화를 초래하였고, 백제는 군현에서 공급되는 선진물자의 감소와 외래 교역품에 대한 수요증대를 충족하기 위하여 한반도를 벗어나 요서의 동이교위부까지 사절을 파견하였다.

백제를 비롯하여 목지국, 건마국, 신미국 등 마한의 주요 국가들은 주변의 소국들을 거느리고 276~291년 사이에 총 17회에 걸쳐 사절을 파견하였다. 백제를 비롯한 마한의 주요 국가들의 동이교위부를 대상으로 한 대외교섭은 팔왕의 난으로 인하여 진이 약화되어 더 이상 이루어질 수 없게 되었다.

백제는 본국과 연락이 어렵게 되고 세력이 약화된 낙랑군과 대방군을 통해서도 만족할 만한 성과를 거둘 수 없었다. 이로 말미암아 백제와 군현 사이에는 관계 변화가 일어나기 시작하였다. 책계왕은 군현이 약화되어 선진문물 흡수창구로서 역할이 한계에 봉착하자 변화를 모색하였다.

책계왕은 군현의 약화를 틈타 영역 확장과 선진적인 주민를 받아들이는 등의 실리를 도모하였다. 또한 군현의 부용 집단으로 있으면서 백제의 동북방을 자주 침입하던 말갈지역으로 진출을 도모하였다. 백제와 군현 및 말갈 사이의 화평관계는 끝나고 새로운 긴장관계가 이루어졌다.

백제는 군현과 화친관계가 유지되고 있을 때에도 긴장의 끈을 늦추지 않았다. 백제는 하남위례성과 그 주변에 대한 방위망의 구축에 전력을 기울였다. 백제는 한강수로와 근접한 평지에 3세기 중반~후반 어느 시점에 풍납토성을 세워 왕성인 하남위례성으로 이용하였다. 그리고 풍납토성과 인접한 표고 45m의 구릉에 몽촌토성을 축조하여 방어거점으로 활용하였다.

몽촌토성은 군사적 성격 때문에 신라의 월성이나 대구 달성처럼 평지상의 독립 구릉에 위치한 산성으로 분류하기도 하며,[84] 공주 공산성, 부여 부소산성과의 연관성 속에서 구릉성 산성으로 파악하기도 한다.[85] 백제가 하남위례성을 축조하고 방어시설을 마련한 것은 사료 상에는 온조왕 때에 이루어진 것으로 기록되었다.

백제본기 온조왕 13년 조에는 한산 아래에 목책을 세우고 위례성의 민호를 옮긴 것으로 되어 있다. 그러나 백제가 하남위례성으로 천도한 것은 고이왕 때에 군현의 압박과 말갈의 침입에 시달리면서 이루어졌다. 고이왕은 아직 체계적인 왕성의 구조와 방어체계를 확보하지 못하고, 목책을 세우고 민호를 옮기는 수준에 그쳤다.

하남위례성과 그 주변의 방어체계가 확립된 것은 고이왕을 계승한 책계왕 때에 이루어졌다. 책계왕은 즉위한 해(286)에 장정을 징발하여 위례성을 보수하였는데, 단순한 성곽의 보수

---

84) 尹武炳, 1990,「山城・王城・泗沘都城」,『百濟研究』21, 8~9쪽.
85) 成周鐸, 1988,「백제도성축조의 발전과정에 대한 고찰」,『百濟研究』19, 67쪽/徐程錫, 2001,「百濟城郭研究」한국정신문화연구원 박사학위논문, 131쪽.

에 그치지 않고 위례성의 위상을 새롭게 확립하기에 이르렀다. 또한 책계왕은 사성蛇城과 아단성阿旦城을 축조하여 한강 하류나 상류 방면에서의 공격을 방어하도록 하였다.

책계왕 때에 이르러 위례성은 한강 수로망을 바탕으로 백제 왕성의 위상을 확보할 수 있었다.[86] 책계왕은 한강 수로를 통하여 남하하는 말갈의 침입에 대처하기 위하여 수도와 그 주변의 방위시설을 마련하였다.

군현은 백제의 압박에 따른 난관을 벗어나기 위하여 말갈과 공동전선을 취하려고 하였다. 말갈과 군현의 전통적인 우호관계에 영향을 받았지만, 백제의 활발한 영토 확장에 따라 수세에 놓인 인근 세력 사이의 자연스러운 연합전선 구축이었다.

백제와 말갈이 대립하기 시작한 것은 2세기 중엽 후한이 약화되면서 군현의 통제 기능이 쇠퇴한 이후였다. 백제와 말갈은 군현의 약화를 틈타 성장하면서 한반도 중부지역 토착사회의 주도권을 놓고 대립과 갈등관계가 조성되었다.

백제와 말갈의 대립이 격화된 것은 위魏가 공손씨를 정권을 몰아내고 낙랑군과 대방군을 재편한 이후였다. 위가 관할하는 군현은 백제의 성장에 대처하기 위하여 영서 말갈과 연대하여

----

86) 余昊奎, 2002,「漢城時期 百濟의 都城制와 防禦體系」,『百濟研究』36, 충남대 백제연구소.

백제를 압박하였다. 말갈세력 역시 군현과 교섭관계를 유지하는 것이 선진문물의 흡수와 교역관계를 맺은 것에 도움이 되었고, 백제를 견제하는 효과적인 방안이었다.

군현과 영서 말갈은 상호 간에 동일한 이해관계를 가지고 있었기 때문에 백제에 맞서 공동으로 대처하였다. 백제가 고이왕대에 이르러 군현의 간섭을 배제할 수 있을 만큼 성장이 이루어지고 관계가 개선되자, 이웃한 말갈도 '친군현親郡縣 반백제反百濟'라는 전통적인 대외정책을 수정하였다.

말갈은 시대적 변화에 따라 백제의 실체를 인정하면서 양마良馬를 바치는 등 관계 변화의 가능성을 타진하였다. 백제 역시 군현과 긴박한 대치상황이 지속되었고, 아직 마한을 복속하지 못했기 때문에 서쪽의 바다를 제외하면 삼면이 강대한 세력들에 의하여 포위된 형세였다.

백제는 이러한 대외정세를 고려하여 말갈의 사자를 정중히 대우하는 등 평화 제안을 수용하였다. 백제는 말갈세력과 화친관계를 맺고 국경을 마주하였다. 그러나 책계왕대에 이르러 백제가 적극적인 팽창정책을 펼치면서 군현 및 말갈과의 관계는 다시 악화되기 시작하였다.

이 무렵 백제와 대방군은 예성강과 마식령산맥을 따라 국경을 이루었다. 백제는 임진강 이북지역에 위치한 개성·장단·풍덕·연천·이천 일대와 금천 및 신계의 일부지역을 차지하였다. 백제는 평강을 동계東界로 하여 임진강 상류지역에 위치한 이천에서 시작하여 평강-철원-포천-가평-양평-여주를 잇는 지역을 차지하였다. 그 외곽의 동쪽에는 북한강과 남한강의 중·상류지역을 중심으로 말갈세력이 존재하였다.

백제는 군현과 말갈을 연결하는 교통로에 병산·독산·구천 등에 목책을 설치하여 연계를 차단하려고 하였다. 군현은 백제가 차지하고 있던 임진강 유역을 우회하여 신계-이천-평강-김화-화천-춘천을 연결하는 통로를 이용하여 말갈과 접촉하였다.[87]

말갈은 백제가 군현으로 향하는 교통로에 목책을 설치하는 등 압박을 가하자 줄기차게 공격하였다. 말갈의 공격에 대항하는 백제의 반격이 맞물리면서 일정기간 동안 양 세력은 격렬하게 충돌하였다. 백제본기에는 백제와 말갈의 충돌이 온조왕 때부터 이루어진 것으로 되어 있다. 그러나 백제와 말갈의 대립 기사는 주로 3세기 중엽부터 4세기 초반까지 전개된 사실들이 소급되었다.[88]

백제본기에 보이는 백제와 말갈의 대립 기사 중에서 그 일부는 책계왕 때에 악화된 양측의 관계를 반영하고 있다. 책계왕의 팽창정책은 군현과 말갈의 반격을 초래하여 자신이 전사하고 말았다. 군현과 말갈은 백제가 팽창정책을 펼치자 298년에 공동 출병하여 책계왕을 전사시켰다. 책계왕은 왕위에 오른 지 13년 만에 군현과 말갈의 공격에 맞서 직접 출전하여 방

....
87) 文安植, 2006,「백제 한성기 北界와 東界의 변천에 대하여」,『백제연구』44.
88) 文安植,『백제의 영역확장과 지방통치』, 신서원, 152쪽.

어하다가 전사하는 불운을 겪었다.

백제는 연맹왕국이 형성된 후 적국이 침입하면 인접한 지방의 부병部兵이 출전하여 대항하였다.[89] 말갈과의 전투는 백제의 북부도 관여하였지만, 주로 동부가 담당하였다. 백제의 동부는 말갈의 침입루트로 생각되는 남한강과 북한강의 수로와 육상 교통로가 교차하는 곳의 평야지대를 중심으로 대소의 세력이 형성되었다.

그러나 백제의 동부 전체를 대표하는 부장部長이 존재하여 동부를 통솔하거나 실질적으로 지배한 것은 아니었고, 각지에 흘씨屹氏와 곤씨昆氏 같은 유력한 수장층이 존재하였다. 백제의 5부가 지방구획의 성격을 띠고 있었지만, 정연한 상하관계로 이루어진 부部-성城-촌村 체제는 아니었다. 다만 지역별로 산재되어 있던 세력들이 5부로 편제되어 요역의 징발이나 군사동원 등에서 연맹관계를 형성하였다.

백제 초기에 중앙을 제외한 4부 중에서 북부와 동부의 중앙 진출이 현저하였고, 이들이 중요 관제인 우보와 좌보를 독점하였다. 북부와 동부 출신들이 낙랑과 말갈세력의 침입에 맞서 큰 활약을 하였기 때문이었다. 그러나 지방의 병력만으로 대항하기 어려울 때는 국왕의 지휘 아래 중앙군이 파견되었다.[90]

---

89) 『三國史記』권23, 百濟本紀1, 肖古王 49年.

책계왕도 군현과 말갈이 대대적으로 침입하자 직접 군대를 이끌고 방어에 나섰다가 전사하였다. 백제는 고이왕대를 거치면서 두드러진 성장을 이루었지만 아직 군현과 말갈을 완전히 제압할 만큼 제반 여건이 성숙되지 못하였다.

....
90) 『三國史記』권23, 百濟本紀1, 溫祚王 18年.

5. 낙랑 공격과 분서왕의 암살

책계왕이 군현 및 말갈과의 전투 와중에 사망하자 맏아들 분서가 왕위에 오르게 되었다. 분서왕은 어려서부터 총명하고 풍채가 걸출한 인물이었다. 분서왕은 298년 9월에 왕위에 오른 후 두 달 뒤에 죄수들을 크게 사면하였고, 다음해 정월에는 동명왕의 사당에 제사를 지내는 등 민심 화합과 왕권의 정통성 고양을 위해 노력하였다.

분서왕은 국정이 안정되고 왕권이 신장되자 부왕의 죽음을 복수하기 위하여 군현을 공격하였다. 분서왕은 책계왕의 전사에도 불구하고 위축되지 않고 팽창정책을 지속적으로 펼쳤다. 분서왕은 즉위한 지 7년째 되는 304년 2월에 낙랑의 서쪽 현을 습격하여 차지하는 쾌거를 이루었다.[91]

분서왕의 공격에 맞서 낙랑의 반격도 곧바로 이어졌다. 낙랑은 세력이 약화되어 군대를 동원하기 어려워 전쟁을 피하고 자객을 파견하였다. 낙랑태수는 304년 10월에 자객을 파견하여 분서왕을 암살하였다. 그런데 백제의 책계왕과 분서왕의 죽음과 관련된 군현세력의 실체를 두고 사료 상에 혼란이 적지 않다. 책계왕을 전사시킨 군현세력은 '한漢'이었고,[92] 자객

---

91) 『三國史記』권24, 百濟本紀2, 汾西王 7年.
92) 『三國史記』권23, 百濟本紀1, 責稽王 13年.

을 보내 분서왕을 살해한 인물은 '낙랑태수'이었다.[93] 그리고 책계왕과 혼인관계를 맺었던 군현세력은 '대방'이었다.[94]

백제와 인접한 군현은 낙랑군이 아니라 지리적으로 인접한 대방군이었다. 백제와 낙랑의 직접적인 충돌은 어려운 상태에 있었고, 대방군이 백제를 비롯한 한족세력과의 대외관계를 전담하였다. 백제를 압박한 군현은 비록 '낙랑'으로 기록되어 있지만, 지리적 여건을 고려할 때 대방군으로 보는 것이 타당하다. 사료 상에서 '낙랑'으로 표기된 것은 '대방'의 잘못된 기록이며, 군현의 상징성 때문에 대방을 대신하여 낙랑으로 기록되었다.[95]

분서왕이 마한과 말갈의 복속에 앞서 대방군을 공격한 까닭은 군현의 분할정책을 극복하지 못하면 더 이상의 영역 확대가 어려웠기 때문이다. 군현은 토착세력의 분열과 대립을 조장하여 배후 안정과 책봉체제의 유지를 도모하였다. 분서왕은 마한과 말갈지역의 진출에 앞서 토착세력 간의 분열을 유도하고 분할정책을 구사하는 군현의 책략을 분쇄하려고 하였다.

백제는 군현과 말갈세력의 압력을 극복하지 못한 상황에서

....
93) 『三國史記』권23, 百濟本紀1, 分西王 7年.
94) 『三國史記』권24, 百濟本紀2, 責稽王 卽位年.
95) 文安植, 2006, 「백제 한성기 北界와 東界의 변천에 대하여」, 『백제연구』44.

함평 예덕리 만가촌 고분
영산강유역에 위치한 마한시대의 대표적인 고분인 월야면 예덕리 만가촌고분 전경. 만가촌고분은 고대 마한사뿐만 아니라 일본 전방후원분 조형의 실마리가 풀릴 수 있는 귀중한 무덤이다.

마한에 대해 일정한 시기까지 부용관계를 유지할 수밖에 없었다. 백제는 마한의 동북지역에서 건국하여 군현을 축출하고 말갈을 제압한 시기까지 마한과 부용관계를 맺고 형식적이나마 신속하였다.

책계왕과 분서왕이 군현 및 말갈과 치열하게 대립한 사실을 고려하면, 백제는 군현의 축출 직전까지도 마한과 말갈세력을 제압하지 못하였다.

군현은 고구려의 압박 외에 분서왕의 공격을 받아 일부 지역을 상실하는 등 큰 어려움에 직면하였다. 군현은 세력이 약화된 상태에서 군사를 일으켜 백제에 대한 보복작전을 수행하기 어려웠다. 군현은 남과 북에서 압력을 가하는 백제와 고구려의 공세를 어렵게 막아내고 있을 뿐이었다.

군현은 적극적인 공세를 취하지 못하고 자객을 파견하여 분서왕을 암살하기에 이르렀다. 백제는 연이은 국왕의 전사와 암살이라는 성장의 후유증을 겪으면서 시련이 계속되었다. 이로 말미암아 고이계 우씨왕실이 무너지고 연맹왕국의 토대가 붕괴될 지경에 처하였다.

2장 왕실교대와 귀족국가의 형성

1. 정복집단의 등장과 비류왕의 즉위

분서왕이 304년에 사망하자 구수왕의 둘째 아들 비류가 왕위에 오르게 되었다. 비류왕은 구수왕이 사망한 후 사반왕-고이왕-책계왕-분서왕을 거쳐 70년이 지난 후 부왕을 계승하여 왕위에 올랐다. 구수왕의 맏아들인 사반왕은 234년에 왕위에 올랐다가 그 해에 고이왕에 왕위를 넘겨주었으며, 그로부터 70여 년이 흐른 후 차자次子 비류왕이 즉위한 것이다.

그러나 비류왕을 214년부터 234년까지 왕위에 있었던 구수왕의 아들로 보기에는 무리가 따른다. 비류왕이 구수왕의 둘째 아들이라는 기록은 역사적 사실이 아니고 후대에 왕계王系를 조작하였을 가능성이 높다. 백제본기에는 비류왕이 즉위하기 전에 '오랫동안 평민으로 살면서 명성을 떨쳤다'[1]라는 기록이 남아 있다. 비류왕은 민간에 살면서 뛰어난 역량과 자질을 인정받아 왕위에 오른 것으로 판단된다.

비류왕은 구수왕과 직접적인 혈연관계가 없고 왕위에 오른 후 집권의 정통성을 확보하기 위하여 부자관계로 꾸며낸 것으로 짐작된다. 분서왕의 사후死後 여러 아들들이 있음에도 불구하고 비류왕이 신하와 백성들의 추대를 받아 즉위하였다.

분서왕이 아들들이 너무 어려서 신료들이 비류왕을 추대하

---

1) 『三國史記』권24, 百濟本紀2, 比流王 卽位年.

였다는 것은 구실에 불과하고, 책계왕과 분서왕의 사후에 조성된 정국의 혼란을 틈타 비류왕이 왕위에 올랐다. 백제는 군현 및 말갈과의 대립과정에서 책계왕과 분서왕이 각각 전사하거나 암살되면서 극심한 혼란을 겪게 되었다.

백제의 왕권이 쇠퇴하면서 중앙의 귀족세력 및 지방의 수장층에 대한 통제가 어렵게 되었다. 비류왕은 국정을 혼란을 틈타 정변을 주도하여 왕위에 올랐다. 비류왕은 성품이 너그럽고 인자하여 남을 사랑하였고, 또 힘이 세어 활을 잘 쏘는 등 명망이 높은 인물이었다.

백제는 비류왕이 즉위하면서 고이계의 우씨왕실을 대신하여 새로운 왕실이 등장하게 되었다. 비류왕은 해씨왕실 출신인 구수왕의 아들이 아니었고, 고이계와 직접적인 혈연관계가 없는 별도의 존재였다. 비류왕은 백제본기 온조왕 조의 세주細註에 기록된 건국의 시조 비류와 관련이 높으며, 백제의 건국과 성장을 주도하였던 온조계나 고이계와 무관한 4세기를 전후하여 등장한 정복국가의 시조로 판단된다.[2]

백제 정복국가설은 논자들에 따라 다소간의 견해 차이가 있지만 선비족 모용씨에 격파당한 부여의 일파가 동옥저 지방을 거쳐 한강 유역으로 들어온 다음 백제의 왕실을 장악한 것

....
2) 정복국가론의 개념과 연구사 정리는 다음의 논문을 참조하길 바란다.
　　李基東, 1981, 「百濟王室 交代論에 대하여」, 『百濟研究』12.

으로 이해하고 있다. 부여는 길림시 일대에 그 중심지를 두고 있었으나 285년 모용선비의 공격을 받아 수도가 함락되고 국왕이 자살하는 등 큰 타격을 받았다.

  모용씨는 요동의 북방에서 모용외慕容廆가 부중部衆의 추대를 받게 되면서부터 강력한 세력으로 등장하였다. 모용외는 부여를 침략하여 일시적인 멸망상태에 빠뜨렸을 뿐만 아니라 진晉의 요서군 및 요동군을 공격하여 마찰을 일으켰다. 이때 부여의 왕족을 포함한 일부 집단이 북옥저 방면으로 피난하였다.

  그들은 서진의 도움을 받아 모용선비의 군대를 물리치고 길림지역으로 돌아가 복국復國하였으나, 망명 집단의 일부는 두만강 유역에 계속 머물러 동부여로 불리게 되었다. 옥저지역에 머물고 있던 집단 중에서 일부가 다시 남하하여 함흥지역을 거쳐 한반도 중부지방으로 진출하여 백제의 왕실을 장악하게 되었다. 요컨대 정복국가는 만주방면에서 기병전 등의 선진적인 전쟁수행 양식을 지닌 부여계 이주민이 한강 유역으로 진출하여 선주집단을 제압하고 세운 왕조였다.

  백제 정복국가설을 처음으로 제기한 이나바 이와키치稻葉岩吉는 부여의 일파가 285~286년 경에 남하하여 동옥저에 있다가, 4세기 초의 민족 이동기에 대방지역으로 진출하여 백제를 건국한 것으로 이해하였다.[3]

---

3) 稻葉岩吉(外), 1935, 「朝鮮滿洲史」, 『世界歷史大系』11.

시라토리 쿠라키치白鳥庫吉는 옥저지역에 머물고 있던 부여족이 군현이 축출된 후 서진하여 대방 땅을 차지하기 위하여 일종의 국제전쟁에 참여하였는데, 그때 북상하여 온 백제의 파병 요청을 받아들여 이를 구원한 후에 연합하여 백제를 건국하였다고 보았다.[4] 그 외에도 부여족의 일파가 백제를 건국한 시기를 342년,[5] 350년 무렵,[6] 352~372년 사이[7] 등으로 보고 있다.

백제 정복국가설은 논자들 간에 차이는 있지만 『삼국사기』 백제본기의 초기기록을 부정하고 정복국가의 출현을 백제의 건국 시점으로 보는 데 의견이 일치된다. 그리고 이들의 인식에는 『삼국지』 동이전에 보이는 백제국伯濟國과 후대의 백제百濟는 직접적인 관계가 없다는 전제가 깔려 있다. 즉, 모용씨와의 대결에서 밀려나 함흥지역에 머물고 있던 부여족의 일파가 한강 유역으로 이동한 후 한족계열韓族系列의 백제伯濟를 정복하여 왕조가 교체된 것으로 이해한다.

그러나 정복집단이 내려와 백제국伯濟國을 제압·흡수하여

---

4) 白鳥庫吉, 1970, 「百濟の起源について」, 『歷史』創刊號.
5) 岡田英弘, 1977, 『倭國』, 中公新書.
6) 末松保和, 1954, 「新羅建國考」, 『新羅史の諸問題』, 東洋文庫.
7) Gari K. Ledyard, 1975, Galloping Along With the Horseriders, Looking for the of Japan Journal of Japanese Vol.1, No 2.

비로소 백제百濟가 건국된 것은 아니었다. 우리 학계는 일본 학자들과는 달리 고이왕 때에 이르러 이룩된 백제 연맹왕국의 실체를 인정하고, 근초고왕대의 비약적 발전의 계기를 정복국가의 출현 가능성을 염두에 두고 왕실교대의 시각에서 접근하였다.[8]

또한 정복왕실이 3세기 중엽에 있었던 관구검毌丘儉의 고구려 침략을 전후하여 한강 상류지역에 진출한 후 차츰 그 하류지역의 백제를 통합한 것으로 이해하는 견해도 있다.[9]

정복집단의 출현과 왕실교대는 백제의 성장과정에서 일대 분수령이 되었다. 정복국가의 출현과 비류왕의 즉위는 북중국과 만주지역에서 유목계 주민들이 끊임없이 분파되면서 전개된 각축전의 결과이었다. 그 결과 백제는 비류왕이 즉위하여 고이계의 우씨왕실을 대신하여 부여씨왕실이 주도하는 새로운 시대가 열리게 되었다.

정복집단은 기마전법 등 선진적인 무기체계를 바탕으로 효율적인 군사운용을 하였지만, 병력 수나 정치적 기반 등에서 압도적인 우위를 확보하지 못하였다. 비류왕과 정복집단은 무력을 앞세워 백제의 왕권을 차지한 것이 아니라 선주세력과 상호 간의 융합과 공존을 모색하였다. 비류왕은 백제의 왕권

---

8) 李基東, 1981, 앞의 글/金起燮, 1993, 「漢城時代 百濟의 王系에 대하여」, 『韓國史硏究』83.
9) 金起燮, 1993, 위의 글.

을 차지한 후 포악하고 약탈적인 정복군주의 모습을 보이지 않고 만민의 어버이를 자처하였다.

비류왕은 관리를 널리 파견하여 민간을 순회하여 백성들의 고통과 아픔을 덜어주려고 하였다. 비류왕은 백성들의 어려움을 살피고, 홀아비·과부·고아·자식 없는 노인 중에서 자력으로 살 수 없는 사람들에게 일인당 곡식 3석씩을 나누어 주기도 하였다. 또한 비류왕은 중앙의 유력한 정치세력을 이루었던 해씨세력, 우씨세력, 진씨세력 등 선주집단을 배제하지 않고 중용하였다.[10]

비류왕은 즉위 후 집권체제가 정비되자 312년(동왕 9)에 해구解仇를 병관좌평에 임명하였다. 비류왕은 해씨집단이 우씨왕실을 밀어내고 즉위하는 데 도움을 주었기 때문에 해구를 병관좌평으로 임명하였다. 비류왕은 320년에는 이복동생 우복優福을 내신좌평으로 삼아 국정 최고 책임자의 역할을 부여하였다.[11]

우복은 비류왕의 실제적인 이복동생이 아니라기보다는 고이왕의 직계 후손으로 구성된 우씨집단의 성원으로 생각된다. 비류왕은 여러 세력을 등용하여 왕권강화와 정국안정을 도모하기 위해 우복을 내신좌평에 임명하였다. 우복은 정복왕실에

....
10) 文安植, 2006, 앞의 책, 121~124쪽.
11) 『三國史記』권24, 百濟本紀2, 比流王 17年.

밀려 즉위하지 못했으나 분서왕의 사후 왕위계승에 가장 근접한 인물이었다.

우복은 내신좌평에 임명된 6년 후에 북한성에서 반란을 일으켜 비류왕에 맞서 저항을 꾀하였다. 비류왕은 우복의 반란을 토벌한 후 333년(동왕 30)에는 진의眞義를 내신좌평으로 임명하였다.[12] 진씨세력은 고이왕을 보필하여 중국군현과의 전쟁을 주도한 집단이었다.

비류왕은 해씨·우씨·진씨 등을 적극 등용하여 정국안정을 도모하였으나, 특정 인물에게 권력이 집중되는 측근정치의 폐해가 일어나는 오류는 범하지 않았다. 비류왕은 선주 세력을 중용하되 상호 간의 견제와 균형을 통하여 왕권안정을 추구하였다.

비류왕은 국정이 안정되고 민심이 수습되자 영역확장을 적극 추진하였다. 백제의 영역은 비류왕이 즉위할 무렵 한강 유역과 임진강 유역을 중심으로 동으로 평양, 남으로 안성천, 북으로 예성강, 서로는 서해에 머물렀다. 백제는 이들 지역을 고이왕이 중국군현과의 무력충돌에서 승리한 후 차지하였지만, 책계왕과 분서왕의 팽창정책이 실패하여 답보상태를 벗어나지 못하였다.

비류왕은 313년에 군현이 축출된 것을 계기로 하여 영토확

---

12) 『三國史記』권24, 百濟本紀2, 比流王 30年.

장에 적극적으로 나서게 되었다. 말갈은 군현이 축출되자 후원세력을 잃고 급격히 쇠약해지면서 백제에 복속되고 말았다.[13] 백제가 한강 중·상류지역으로 진출하여 영서의 말갈세력을 장악한 것은 군현이 축출된 4세기 초반에 이르러서였다.

백제는 마한지역 진출에 앞서 말갈과의 대립에 주력하였고, 말갈을 제압한 후에 본격적으로 마한 방면으로 진출하였다. 비류왕은 먼저 목지국을 비롯한 아산만 유역의 마한 중심지역을 장악하였고, 늦어도 4세기 중반 무렵에는 건마국을 비롯한 금강 유역의 대부분을 지배하게 되었다. 이는 백제가 전북 김제지역에 진출하여 벽골제를 320~350년경에 축조한 것으로 입증된다.[14]

비류왕은 원래의 백제 영역과 새롭게 복속한 말갈 및 마한지역을 구분하여 통치하였다. 비류왕이 장악한 마한지역은 말갈지역과 마찬가지로 주민을 직접 지배하는 데에는 많은 어려움이 있었다. 마한은 종족 계통이나 문화 등의 여러 면에서 백제와 큰 차이가 있었다. 또한 백제가 각 지역에 지방관을 파견

....

13) 비류왕의 영역확장은 한강 본류와 그 지류인 북한강·남한강 방면으로의 진출에서 시작되었다. 백제의 말갈지역 지배는 북한강 유역과 남한강 중·상류 일대가 백제계 토기의 분포권을 이루고 있는 사실을 통해 입증된다(車勇杰, 1989, 「忠北地域의 百濟土器遺蹟」, 『忠北史學』2, 9쪽).
14) 尹武炳, 1992, 「김제벽골제 발굴보고」, 『백제고고학연구』, 학연문화사, 362쪽.

하여 일원적인 지방정책을 추진할 수 있을 만큼의 역량이 확보된 것도 아니었다.

비류왕은 마한지역에 대하여 한동안 중앙에서 귀족 등의 관리를 파견하지 않고, 지방의 토착세력을 이용한 간접지배를 실시하였다. 백제의 지배층은 주민의 절대 다수를 차지하고 있는 마한 토착세력의 진정한 복속과 협력을 받아내기 위하여 국호를 그들과 관련이 있는 응준鷹準으로 표방하기도 하였다.[15]

비류왕은 말갈지역 및 마한지역 진출과 병행하여 대방지역을 차기하기 위하여 고구려와 치열한 각축을 벌였다. 군현이 축출된 후 그 옛 땅에 잔존한 중국계 호족세력은 반독립적인 자치상태에 놓여 있었다. 대방지역은 중국계 주민의 단순한 거주 지역으로 변모되었으며, 호족세력은 동진 등 중국 남조와 교섭하면서 정치적 활동에서 어느 정도의 독자성을 갖고 있었다. 이들은 백제와 고구려 사이에서 갈피를 잡지 못하고 우왕좌왕 하였다.[16]

백제가 군현지역을 장악하기 위해 군사를 보낸 것은 분서왕 때부터 추진되었다. 비류왕의 즉위 후 고구려에 의하여 낙랑군과 대방군이 축출된 후 군현지역 진출은 다시 추진되었

---

15) 趙法鍾, 1989,「백제 별칭 응준고」,『한국사연구』66, 19~27쪽.
16)『續日本記』桓武紀 延曆 4年 夏六月.

다. 비류왕은 고구려의 고국원왕이 342년에 벌어진 전연前燕과의 전투에서 패전을 겪는 등 어려움을 겪자 대방지역으로 적극 진출하였다.

백제가 대방고지를 완전히 차지한 것은 근초고왕 때에 이루어졌지만, 비류왕대에 예성강을 넘어 대방의 남부지역 일부를 차지하였다. 비류왕은 정복집단의 뛰어난 군사역량과 효과적인 지휘능력을 이용하여 북으로는 예성강 유역, 남으로는 노령산맥까지 영역을 확대하였다. 또한 비류왕은 동으로는 영서지역을 석권하여 건국 이래 오랫동안 공방전을 전개한 숙적 말갈세력을 복속하였다. 비류왕은 영역확장을 거듭하여 신라 및 고구려와 영토를 마주하게 되었다.

백제를 포함하여 삼국이 주변 소국을 복속하고 서로 간에 영역을 마주하는 정립의 시대가 시작되었다. 비류왕은 대방지역을 사이에 두고 고구려와 치열하게 대립하였고, 337년에는 신라왕이 보내온 사절의 예방을 받았다.[17] 비류왕은 내정과 외정의 여러 분야에서 빛나는 치적을 쌓고 재위 41년 만에 파란만장한 삶을 마치게 되었다.

---

17) 『三國史記』권24, 百濟本紀2, 比流王 34年.

2. 계왕의 단명과 근초고왕의 집권

비류왕이 344년에 사망한 후 계왕이 백제의 12대 국왕으로 즉위하였다. 비류왕의 불굴의 노력에 의하여 왕권이 강화되고 국정이 안정되었음에도 불구하고, 그의 사후에 아들이 즉위하지 못하고 분서왕의 맏아들 계왕이 왕위에 오른 이변이 발생하였다. 그러나 비류왕의 사망 후 고이계의 계왕이 즉위한 사실은 상식적으로 잘 납득이 되지 않는다.

계왕은 천성이 강직하고 용맹스러웠으며 말달리고 활쏘기를 잘하였다. 부왕인 분서왕이 304년에 사망하였을 때 어려서 즉위하지 못하였는데, 비류왕이 사망한 후 왕위에 오르게 되었다. 계왕은 비류왕이 41년 동안 재위에 있었음을 고려하면 50세를 전후한 나이에 즉위한 것으로 추정된다.

계왕은 집권 3년 동안 별다른 치적을 이루지 못하고 22개월 만에 사망하였다. 계왕이 50세 정도의 고령에 즉위한 사실을 고려하면 질병과 노쇠로 말미암아 사망하였을 수도 있다. 그러나 계왕이 왕위에 오른 지 3년 만에 사망한 것은 모종의 정변에 연루되었을 가능성이 높다. 계왕이 실제적으로 왕위에 오르지 못했거나[18] 아니면 근초고왕과 양립하다 제거된 것[19]으로 보는 견해도 있다.

계왕이 346년 가을에 사망하자 비류왕의 둘째 아들 근초고가 왕위에 오르게 되었다. 계왕의 아들이나 형제, 비류왕의 큰아들이나 장손 등이 왕위에 오르지 않고 근초고왕이 즉위하여 13대 국왕이 되었다. 『삼국사기』에 '둘째 아들' 또는 '비장자非長子'로 기록된 계승자는 예외 없이 정상적이지 않은 과정을 통해 왕위에 오른 정변 내지 왕실교체의 주인공에 해당된다고 한다.[20]

비류왕의 사후 계왕이 즉위한 사실 때문에 근초고왕이 비류왕의 아들이라는 점에 의문을 갖기도 한다. 그러나 사료 상에 왕위계승이 명시되어 있기 때문에 계왕의 즉위는 사실로 판단된다. 다만 비류왕-계왕-근초고왕으로 이어진 왕위계승이 순탄하게 이루어진 것은 아니었다. 근초고왕은 비류왕의 둘째 아들이라는 사료가 남아 있지만 직계 자손이 아닐 가능성이 높다.

근초고왕은 비류왕의 사망 후 정복집단 내부의 여러 사정에 의하여 왕위에 오르지 못하고, 정변을 일으켜 계왕을 제거하고 왕권을 장악하였다. 근초고왕이 즉위하지 못하고 계왕이 먼저 왕위에 오른 것은 정복왕실 내부의 갈등의 소산으로 생각된다. 비류왕의 집권 말기에 이르러 정복왕실은 차기 왕위계승을 둘러싸고 심각한 분란을 겪게 되었다. 백제는 노쇠한

...
18) 金哲埈, 1982, 『한국고대사회연구』, 지식산업사, 49~50쪽.
19) 權五榮, 1995, 「백제의 성립과 발전」, 『한국사』6, 국사편찬위원회, 37쪽.
20) 金起燮, 1993, 앞의 글, 7~13쪽.
　　姜鐘元, 2002, 위의 책, 48~59쪽.

비류왕 및 그 직계 자손을 지지하는 집단과 젊고 강력한 근초고왕을 지지하는 집단으로 나뉘어 대립하였다.

정복집단은 분서왕의 사망으로 혼란에 빠진 백제를 장악하여 비류왕이 왕위에 올랐지만, 역사가 짧고 왕실의 권위가 그다지 높지 않았다. 정복집단은 비류왕이 사망하자 차기 왕위를 둘러싸고 대립과 갈등을 겪은 끝에 고이계의 계왕에게 왕권을 내주고 말았다.

계왕은 강직하고 용맹하였을 뿐만 아니라 말달리고 활쏘기에 능통한 인물이었다. 계왕은 명군이 될 수 있는 빼어난 자질과 능력을 갖고 있었지만, 정복집단 내부의 갈등의 산물로 즉위하였기 때문에 실권이 없는 존재에 불과하였다.

계왕의 즉위에도 불구하고 국정운영의 주도권은 정복집단이 장악하였으며, 내신좌평 진의를 중심으로 진씨세력도 큰 영향력을 행사하였다. 우씨와 해씨를 비롯한 명망 높고 전통 있는 귀족집단도 정권의 향배를 좌우할 수 있는 영향력을 갖고 있었다.

계왕이 국정운영의 주도권을 장악하지 못하고 왕권이 위축된 상태에서 근초고왕을 국왕으로 옹립하기 위한 움직임이 활발해졌다. 근초고왕은 비류왕의 직계 자손은 아니지만 정복집단 출신이었고 영향력이 큰 진씨세력 등의 강력한 후원을 받았다.

근초고왕의 옹립에 결정적인 역할은 수행한 인물은 진씨세력의 일원인 진정眞淨이었다.[21] 진정은 근초고왕과 혼인을 통해 가까운 인척관계를 맺고 최측근에서 활약하였다. 근초고왕과 진정이 인척관계를 맺은 것은 정변 이전에 이루어졌다. 근초고왕은 정복집단의 일부와 진씨세력의 전폭적인 지원을 받아 정변을 일으켜 계왕을 밀어내고 국왕으로 추대되었다.

정변의 주도자는 근초고왕이 아니라 주도면밀하게 막후역할을 훌륭하게 수행한 진정이었다. 진정은 경륜과 식견이 부족한 젊은 근초고왕을 보필하여 노련하게 정변을 성공으로 이끌었다. 근초고왕 이후 아신왕 때까지 왕계王系의 변화 없이 근초고왕 직계가 왕위를 계승하였으며 왕비족은 진씨세력에서 배출되었다. 근초고왕 이후 아신왕시대까지 5대에 걸쳐 진씨에서 왕비가 나오던 시대를 '진씨왕비족시대'로 부르기도 한다.[22]

근초고왕은 346년 9월에 왕위에 올라, 다음해 정월에 천신天神과 지신地神에 제사를 지냈다. 근초고왕은 천지신에 대한 제사를 통해 왕권의 위상과 권위를 높여 정국운영의 주도권을 장악하려고 하였다. 그러나 근초고왕의 즉위 후 국정운영은 국왕에 의해 주도되기보다는 일정 기간 동안 진정에 의해 좌우되었다.

근초고왕은 즉위 후 진정을 조정좌평으로 삼아 국정운영의 전면에 나서게 하였다. 진정은 근초고왕의 신뢰와 권세를 믿

....
21) 姜鐘元, 2002, 『4세기 백제사연구』, 서경문화사, 126쪽.
22) 李基白, 1959, 앞의 글, 31~35쪽.

석촌동 3호분 기단식 적석총
제1단의 크기가 동서 50.8m, 남북 48.4m, 높이 4.5m에 이르는 대형급으로 근초고왕 무덤으로 추정하고 있다.

고 함부로 행동하여, '왕후의 친척으로서 성질이 흉악하고 어질지 못하였다. 일을 처리함에 있어서도 까다롭고 잔소리가 많았다'[23)]라고 하였듯이, 사람들의 원망을 들었다.

진정이 권력 농단의 책임자로 지목되어 여러 가지 불만을 들은 것은 그만큼 강력한 영향력과 권한을 소유했음을 반증한다. 진정에 의한 국정 운영이 지속되고 여러 가지 폐해가 누적되어 갔다. 백제본기에는 근초고왕이 재위 2년에 진정을 조정

---
23) 『三國史記』권24, 百濟本紀2, 近肖古王 2年.

좌평에 임명한 기록을 제외하고 집권 전반기의 상황을 알 수 있는 사료가 남아 있지 않다. 그 까닭은 왕권이 위축되고 진정을 비롯한 공신들에 의해 정국이 주도되어 기록할 만한 특별한 치적이 없었기 때문으로 추정된다.

근초고왕이 국정운영의 전면에 나선 것은 상당한 시간이 흐른 이후였다. 근초고왕은 국정운영의 경험이 쌓이고 식견이 높아지면서 정국을 주도하게 되었다. 근초고왕은 왕권강화와 내정안정을 바탕으로 관등과 관직을 체계적으로 정비하였다. 근초고왕대에 정비된 관등의 구체적인 내용은 파악하기 어렵지만, 사비시대에 완비된 16관등 가운데 문독文督과 무독武督을 제외한 나머지는 설치된 것으로 보고 있다.[24]

또한 근초고왕은 영토를 크게 확장하고 대외관계를 안정시켜 중앙집권적 귀족국가를 확립하였다. 귀족국가가 수립되면서 왕권은 연맹왕국 단계와 비교하여 한층 강화되었다. 귀족국가가 수립되어 왕권이 강화된 것은 사실이지만, 배타적인 절대 권력을 보유한 전제왕권을 형성한 것은 아니었다. 귀족세력은 특권적인 신분층을 형성하면서 우월한 정치적 지위와 경제적 기반을 세습하고 확대하였다.

근초고왕은 왕권과 귀족 사이의 이해관계를 조정하는 제도적 기관으로 귀족회의체를 운영하였다. 근초고왕은 귀족회의

----

24) 盧重國, 1988, 앞의 책, 219쪽.

체를 통하여 지배층의 이해관계를 조정하는 동시에 정치적 비중이 큰 진씨세력과 연대하여 왕권을 지탱하는 버팀목으로 삼았다.

또한 근초고왕은 지역의 실정에 따라 5부제·공납지배·담로제로 각각 구분되어 실시되던 지방통치를 담로제로 일원화하였다. 근초고왕은 담로제를 전국적인 규모로 실시하면서 지방의 유력한 세력을 중앙의 귀족으로 전환시켜 나갔다. 담로에 파견된 귀족과 그 막료들이 소유한 문화양식이 지방으로 확산되면서 중앙과 지방에 걸쳐 동질감이 확산되는 촉매제 역할을 하였다.

연맹왕국 단계에서 사람들은 자기가 속한 자치체와 그 상위 정치체인 국가에 소속되었고, 이들의 귀속의식 또한 양속성을 지녔다.[25] 근초고왕대에 이르러 중앙과 지방 간의 교류가 확대되고 지방에 대한 차별의식이 사라지면서 동일한 집단 내에서 발생되는 정체성이 형성되었다.

지방의 토착세력은 시대적 조류에 편승하여 중앙의 귀족으로 편입되거나 아니면 지방통치의 하급실무자로 재편되는 운명에 직면하였다. 백제의 수도 한성은 각 부와 마한 출신의 유력한 집단이 옮겨와 살게 되면서 실질적인 왕도의 면모를 갖

---

25) 盧泰敦, 2000, 「초기 고대국가의 국가구조와 정치운영」, 『한국고대사연구』17, 26쪽.

추었다.

　근초고왕은 내정 정비와 더불어 영역확장에도 적극적으로 나섰다. 근초고왕이 즉위 할 무렵 백제의 영역은 남으로는 노령산맥, 북으로는 예성강 계선, 동으로는 영서지역에 한정되었다. 삼국의 정립에도 불구하고 백제의 남방에는 마한의 잔여세력이 버티고 있었고, 가야의 소국들도 독자적인 발전을 하였다.

　근초고왕은 가야지역과 마한 잔여세력을 공략하기 이전에 신라와 관계개선을 도모하였다. 근초고왕은 366년(동왕 21) 봄에 사절을 신라에 보내 예방하였으며, 368년 봄에도 좋은 말 두필을 보내주었다.[26] 근초고왕은 남방지역 공격을 앞두고 신라와 우호적인 분위기를 조성하여 분란을 사전에 차단하려고 하였다.

　근초고왕은 마침내 369년에 전남지역에 남아 있던 마한의 잔여세력을 복속하였다. 근초고왕이 추진한 남방 경략에는 마한 출신의 목씨木氏와 사씨沙氏 등이 주도적으로 참여하였다. 또한 근초고왕은 영서 말갈세력의 기마병을 동원하여 우세한 무장력을 이용하였다.

　백제군은 『일본서기』 신공기神功紀에 의하면 한성을 출발하여 남으로 내려와 전북 동부지역을 장악한 후 가야지역을 경

....
26) 『三國史記』권24, 百濟本紀2, 近肖古王 23年.

략하고, 그 후 서진하여 섬진강 유역을 거쳐 전남의 서부지역을 장악하였다.27) 백제군의 남방 진출은 가야의 7국을 평정하고 고해진을 돌아 침미다례忱彌多禮를 도륙하자 비리·벽중 등의 소국들이 항복하면서 끝나게 되었다.28)

근초고왕은 남방지역 경략을 전후하여 예성강을 건너 대방지역을 차지하기 위하여 고구려와 치열한 공방전을 전개하였다. 근초고왕은 369년에 치양稚壤[황해도 배천]을 장악하여 대방지역 진출을 위한 교두보를 마련하였다. 고국원왕은 위기의식을 느끼고 2만 대군을 거느리고 남하하여 군세를 과시하면서 현지의 토착세력에 대하여 강력한 경고를 취하였다.29)

근초고왕은 고구려군이 남하하자 즉각 태자 근구수를 보내 반격에 나섰다. 근구수는 군사를 거느리고 반걸양半乞壤에서 고구려군을 공격하여 궤멸시켰다. 근구수는 5천여 명을 죽이거나 사로잡아 장수와 군사들에게 분배해 주었다. 근구수는 고

---

27) 근초고왕의 남방지역 경략에 대해서는 직접적인 사료는 남아 있지 않아 자세한 사정을 알 수 없는 형편이다. 다만 『日本書紀』神功紀 49년 조에 보이는 倭의 삼한 정벌 기사를 근초고왕이 파견한 백제군의 南征에 관한 사실로 보고 있다. 이에 대하여 李丙燾는 神功紀에 보이는 사료를 재해석하면서 그 주체를 백제로 바꾸고, 시기를 120년 인하하여 근초고왕 24년(서기 369)에 이루어진 것으로 파악하였다(李丙燾, 1976, 앞의 책, 512~515쪽).
28) 『日本書紀』권9, 神功紀, 49年 春 三月.
29) 『三國史記』권17, 高句麗本紀6, 故國原王 39年.

구려군을 추격하여 예성강 상류에 위치한 수곡성(신계군 협계) 부근까지 진격하였다.

백제는 근구수의 빛나는 군공으로 예성강 유역을 차지하면서 동북으로는 신계에 이르고 서북으로는 옹진반도와 해주를 장악하였다. 백제는 옹진-해주-평산-남천점-신계에 이르는 멸악산맥 이남지역을 확보하였다.

근초고왕은 반걸양 전투의 성과를 바탕으로 371년 겨울에는 직접 태자와 함께 군사 3만 명을 이끌고 평양성을 공격하였다. 백제군이 평양성을 공격할 때에 고국원왕이 머무르고 있다가 날아온 화살에 맞아 전사하였다.[30]

근초고왕은 수 차례에 걸쳐 고구려군을 격파하고 대방지역 전체를 석권하였다. 근초고왕은 평양성 전투에서 승리한 후 고구려의 공격에 대비하기 위하여 평지성인 하남위례성에서 한산漢山으로 일시 천도하였다. 근초고왕은 고구려와의 전쟁을 주도하기 위한 북진책의 일환으로 북한산성으로 올라갔다.[31]

근초고왕은 고구려와 전투를 수행하면서 군대의 열병을 거

---

30) 『三國史記』권24, 百濟本紀2, 近肖古王 26年.
31) 근초고왕이 일시적으로 도읍을 옮긴 한산은 북한산을 의미할 가능성이 높다. 이는 『三國遺事』근초고왕 조에 '移都北漢山'이라고 하였기 때문에 그 가능성이 한층 높다. 근초고왕은 고구려와의 전쟁을 주도하기 위한 북진책의 일환으로 개루왕 5년(132)에 축조한 북한산성으로 올라간 것이다(李道學, 1992, 「백제한성기의 도성제에 관한 검토」, 『한국상고사학보』9, 32쪽).

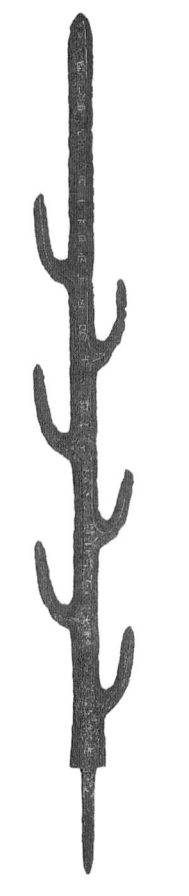

근초고왕이 왜왕(倭王) 지(旨)에게 하사한 칠지도
칠지도는 길이 74.9㎝의 철제 칼로 일본 나라현奈良縣 덴리시天理市 이소노카미 신궁石上神宮에 소장되어 있으며 1953년에 일본국보로 지정되었다. 곧은 칼의 몸 좌우로 가지 모양의 칼이 각각 3개씩 나와 있어 모두 7개의 칼날을 이루고 있으므로 칠지도라는 이름이 붙여졌다.

행할 때 황색의 기치를 사용하였다. 황색은 오행사상의 오방 중에서 중앙을 뜻하며, 이는 기존 독립적인 부병의 군대가 중앙군으로 편입된 것을 의미한다.32) 황색의 깃발은 중국의 전통에서 볼 때 황제가 사용하는 것으로 근초고왕은 고구려와의 싸움에서 대승한 것을 기회로 백제국의 황제임을 내외에 선포하였다.33)

근초고왕은 영토확장을 완료한 후 사절을 동진東晋에 파견하여 공식적인 외교관계를 맺게 되었다. 그 결과 근초고왕은 372년에 진동장군낙랑태수鎭東將軍樂浪太守의 작호를 받았다. 근초고왕은 대방지역을 장악하여 교역망을 확충하고 대외무역을 독점하였다. 근초고왕은 낙랑과 대방이 멸망함으로써 진공상태가 된 중서부 해안지대를 장악하여 위魏가 대방을 중간 거점으로 하여 화북지방에서

일본열도까지 구축해 놓은 황해 연안 교역권을 차지하였다.[34]

　근초고왕은 왜국과도 우호관계를 맺어 칠지도를 보내 주는 등 선린외교에 노력을 기울였다. 근초고왕의 성공적인 내정 정비와 영토확장, 적극적인 외교정책 추진에 의하여 백제의 국제적인 지위는 확고하게 되었다. 그 외에도 근초고왕은 왕실의 권위와 정통성을 강조하기 위하여 박사博士 고흥高興으로 하여금 역사서인 『서기書記』를 편찬하도록 하였다.

　근초고왕은 여러 분야에 걸친 다양한 치적을 이루어 중앙집권적 귀족국가체제를 완성하였다. 근초고왕은 백제를 삼국의 으뜸 반열에 올려놓고 재위 30년 만에 사망하였다. 근초고왕이 닦아 놓은 번영의 토대는 근구수왕대에 더욱 발전되어 백제는 전성기를 구가하였다.

---

32) 李道學, 1990, 「한성 후기의 백제 왕권과 지배체제의 정비」, 『백제논총』2, 285쪽.
33) 藤間生大, 1968, 『倭の五王』, 岩波書店, 114쪽.
34) 尹明哲, 2003, 『고구려 해양사 연구』, 사계절, 123쪽.

3. 근구수왕의 집권과 지배체제의 정비

근초고왕이 375년에 사망하자 맏아들 근구수가 왕위에 올랐다. 근초고왕의 다방면에 걸친 노력으로 왕권이 강화하고 국정이 안정되었기에 큰 어려움이 없이 근구수가 즉위할 수 있었다.

근구수왕은 대방고지를 둘러싸고 갈수록 격화되고 있는 고구려와의 전쟁을 승리하는 데에 국정운영의 주된 목표를 두었다. 근구수왕은 태자 때부터 군사권의 운용에 참여하였으며, 왕위에 오른 뒤에도 대외전쟁을 주도하였다. 근구수왕은 내정은 장인 진고도眞高道를 내신좌평에 임명하여 정사를 위임하고,[35] 자신은 병마권을 직접 관장하여 고구려와의 전쟁에 주력하였다.

백제는 근초고왕과 근구수왕대를 거치면서 수장층 위주의 전사집단 성격에서 벗어나 호민층(또는 편호소민)을 중심이 되는 전쟁으로 바뀌었다. 초기에는 전투에 참여하는 것이 특권을 지닌 일부 전문적인 전사집단의 소유물이었지만, 전쟁의 규모가 커지면서 이제 일반민의 전투 참가는 불가피하게 되었다.

소농민은 평상시에는 괭이와 낫 등의 농구를 통하여 생산

....
35) 『三國史記』권24, 百濟本紀2, 近仇首王 2年.

력 확대를 도모하고, 전시에는 철로 만든 화살촉과 방패 등으로 무장하여 전쟁에 참가하였다.[36] 국가형성 초기에는 소규모의 국지전이 주류를 이루며 약탈전에 지나지 않다가 규모가 점차 커지면서 전면전으로 변화되었다. 전쟁의 성격도 주민과 영토를 경쟁적으로 확보하기 위한 양상으로 치달으면서 항시 전시동원체제로 운영되었다.[37]

백제와 고구려는 예성강 중류지역에서 치열한 격전을 치렀는데, 근구수왕은 주전장을 벗어나 377년(동왕 3) 겨울에 군사 3만 명을 거느리고 평양성을 공격하는 등 고구려의 공세에 밀리지 않고 있었다. 근구수왕은 군사운영의 체질을 개선하여 근초고왕대에 이르러 차지한 옛 대방지역을 유지하기 위하여 심혈을 기울였다.

백제와 고구려는 각각 예성강의 하류지역과 상류지역을 장악한 상태에서 평산과 금천을 경계로 하여 대치하였다. 고구려는 자국에 유리한 신계·금천 쪽에 주진土鎭을 설치했으며, 백제는 평산·토산을 잇는 국경을 전초선으로 하였다.[38] 근구

---

36) 김재홍, 1998, 「철제농기구의 변화에 따른 전쟁의 양상」, 『백제사상의 전쟁』, 제9회 백제연구 국제학술대회, 충남대 백제연구소, 14쪽.
37) 주보돈, 1998, 「초기백제사에서의 전쟁과 귀족의 출현」, 『백제사상의 전쟁』, 제9회 백제연구 국제학술대회, 충남대 백제연구소, 63쪽.
38) 吳舜濟, 1995, 『한성 백제사』, 집문당, 221쪽.

수왕은 수 차례에 걸쳐 고구려와 치열한 공방전을 전개하였다. 그러나 근구수왕은 재위 5년째인 379년부터 재난이 연이어 발생하면서 전쟁을 지속할 수 없게 되었다.[39]

백제는 379년 여름에 흙비가 종일 내렸으며, 다음 해 봄에는 장기간에 걸친 전쟁의 후유증으로 전염병이 크게 번졌고, 여름에는 땅이 갈라지는 등 민심이 흉흉하였다. 또한 382년에는 봄부터 6월까지 비가 내리지 않고 가뭄이 계속되어 백성들이 굶주려 자식을 파는 자까지 생겨나는 등 참담한 지경에 처하였다.

근구수왕은 백성들이 굶주려 자식을 팔자 나라의 곡식을 내어 대신 값을 물어주는 등 휼민을 구제하였다. 고구려 역시 378년에 가뭄이 들어 백성들이 굶주려 서로 잡아먹을 지경에 처하였고,[40] 9월에는 거란이 북쪽 변경을 침범하여 여덟 부락을 상실하는 등 내우외환이 겹치자 전쟁을 중단할 수밖에 없었다.

백제와 고구려 사이에 369년부터 시작되어 거의 10년 동안 대방지역을 차지하기 위하여 치열하게 전개된 공방전은 소강상태로 접어들었다. 근구수왕은 민생회복과 내정 정비에 주력하게 되었다. 그 와중에 근구수왕은 재위 10년을 끝으로 하여

....
39)『三國史記』권17, 高句麗本紀6, 故國原王 8年.
40)『三國史記』권24, 百濟本紀2, 近仇首王 8年.

조용히 숨을 거두게 되었다. 근구수왕이 죽기 전에 햇무리가 세 겹으로 둘러졌고, 대궐 뜰에 있던 큰 나무가 저절로 뽑히는 조짐이 보였다.[41]

근구수왕은 강력한 왕권을 형성한 부왕의 노력과 자신의 뛰어난 군사적 지휘 능력으로 어려움 없이 왕위에 올라 천수를 다하고 역사의 장막으로 사라져갔다. 근구수왕은 연맹왕국을 형성한 고이왕 이래 백제의 역대 국왕 중에서 즉위 과정과 죽음의 문턱에서 정변, 암살, 전사 없이 왕위를 선대에서 계승받아 후대로 넘겨준 유일한 인물이었다.

....
41) 『三國史記』권24, 百濟本紀2, 近仇首王 10年.

3장 국력의 쇠퇴와 백제의 위축

1. 불교 수용과 침류왕의 죽음

근구수왕이 384년 4월에 사망하자 침류왕이 왕위에 올랐다. 침류왕은 근구수왕의 맏아들로 어머니는 진씨 아이부인阿爾夫人이었다. 침류왕은 즉위 후 고구려와의 전쟁이 소강상태에 접어든 틈을 이용하여 오랫동안의 전란으로 황폐해진 민생을 회복하는 데 주력하였다.

또한 침류왕은 중앙집권적 귀족국가 체제의 유지에 필요한 학문과 사상, 정치제도와 선진 기술 등을 수입하기 위하여 대외교류에 적극적인 노력을 기울였다. 무엇보다 시급한 현안은 근초고왕과 근구수왕을 거치면서 강화된 왕권을 뒷받침 할 수 있는 선진 사상이 필요하였다. 지금까지 지배층의 이데올로기 역할을 하였던 무격신앙은 귀족국가가 형성되면서 강화된 왕권을 뒷받침 할 수 없게 되었다.

침류왕은 왕권의 위상을 강화하고 존엄을 높이기 위해 불교의 수용을 추진하였다. 고구려는 이미 소수림왕대에 불교가 수용되어 널리 신봉되고 있었다. 침류왕은 고구려에서 불교를 도입하고 스님을 초빙하기 어려웠기 때문에 중국을 통해 받아들이려고 하였다. 침류왕은 왕위에 오른 후 곧바로 사절을 중국 남조의 동진에 파견하였다.

침류왕은 부왕의 사망과 자신의 즉위 사실을 알려 책봉을 받고, 중국의 정세 변화를 파악하기 위하여 험한 바다를 건너 사절을 파견하였다. 또한 침류왕은 학덕 높은 고승과 사찰 조영에 필요한 기술자의 초빙을 동진에 요청하여 허락을 받았다.

 백제의 사절은 호승胡僧 마라난타와 함께 돌아왔다.[1] 침류왕은 마라난타를 맞이하여 궁궐 안으로 모셔 예우하고 공경하니 백제에서 불교가 이로부터 시작되었다. 침류왕은 다음 해 2월에는 한산漢山에 처음으로 절을 세우고 열 사람이 승려가 되는 것을 허락하였다. 침류왕은 사찰을 세움과 동시에 불교를 국가의 종교로 공인하였다.

 백제는 불교가 공인됨으로써 종래의 부족적 전통을 극복하고 확대된 영토와 강화된 왕권을 지지하는 고대국가의 이데올로기로서 보편적인 세계관이 형성되었다. 불교사상은 초인적인 불법佛法의 위엄을 국왕의 그것과 동일시하여 국가의 권위로 연계시켰다. 또한 불교는 정신적 측면에서 국민 총화에 이바지하는 사상체계였기 때문에 왕권강화의 이념적 배경으로 이용되었다.[2]

 침류왕은 불교 외에도 중앙집권적 귀족국가의 운영에 필요한 유교적 교양과 학술에 능통한 인재를 중국계 주민을 등용하여 해결하였다. 백제가 중국계 주민을 받아들은 것은 대방지역을 복속한 근초고왕 때부터 이루어졌다. 근초고왕은 대방

....
1) 『三國史記』권24, 百濟本紀2, 枕流王 卽位年.
2) 李基白, 1997, 「삼국 초기 불교와 귀족세력」, 『신라사상사연구』, 일조각, 76~79쪽.

지역을 장악한 후 학술과 재예가 뛰어난 주민들은 선발하여 백제로 이주시켰다.[3]

침류왕이 동진에 사절을 파견하였을 때에도 중국을 잘 알고 있는 대방지역 출신이 활약하였을 가능성이 높다. 침류왕의 불교수용과 중국계 인물의 등용은 귀족세력의 반발을 불러 일으켰다. 침류왕의 불교공인은 뿌리 깊은 전통신앙에 젖어 있던 백제사회에 큰 파문을 일으켰다. 침류왕이 천지신 제사나 무격신앙을 멀리하고 이국에서 들어온 불교를 국교로 공인하자 비난하는 여론이 고조되고 지배층 사이에서 반발이 일어났다.

침류왕은 마라난타가 한산에 절을 세운 지 불과 9개월 만에 젊은 나이로 갑자기 사망하였다. 침류왕이 재위 2년 만에 사망한 것은 불교공인에 따른 귀족세력의 반발에서 그 원인을 찾고 있다.[4] 침류왕은 죽은 후 다음 왕위는 아들 아신에게 돌아가지 않고 동생 진사가 즉위하였다. 백제본기에는 침류왕의 태자 아신이 어려서 즉위할 수 없어 동생 진사가 대신하여 왕

....

[3] 백제는 대방지역에서 물러나면서 才藝가 뛰어난 주민들은 推戶하여 이주시켰다. 이들과 그 후손 중에서 백제에서 크게 활약한 인물들은 근초고왕대의 高興, 구이신왕대의 張威, 개로왕대의 張茂 등을 들 수 있다(李弘稙, 1971,「百濟人名考」,『한국고대사의 연구』, 신구문화사).
[4] 盧重國, 1988, 앞의 책, 132~133쪽.

위에 오른 것으로 되어 있다.

그러나 『일본서기』에는 "백제 침류왕이 죽었다. 왕자 아화阿花가 어렸으므로 숙부 진사가 왕위를 빼앗아 즉위하였다"5)라고 하여, 진사왕이 왕위를 찬탈한 것으로 기록되었다. 진사왕은 침류왕이 사망한 후 어린 조카 아신을 밀어내고 왕위에 올랐다.

진사왕은 불교의 수용에 반대한 귀족세력들과 연대하여 정변을 일으켜 침류왕을 살해하고 즉위하였을 가능성이 높다.6) 진사왕은 사람됨이 용맹하여 총명하고 지략이 많았던 인물이었지만, 근구수왕의 둘째 아들이었기

정림사지 5층탑
부여 정림사터에 세워져 있는 석탑으로, 국보 9호로 지정되었으며 좁고 낮은 1층 기단 위에 5층의 탑신을 세웠다. 목조건물의 형식을 충실히 이행하면서도 단순한 모방이 아닌 세련되고 창의적인 조형을 보여주며, 전체의 형태가 매우 장중하고 아름답다.

....
5) 『日本書紀』9, 神功紀 65年.
6) 盧重國, 1988, 앞의 책, 132쪽.

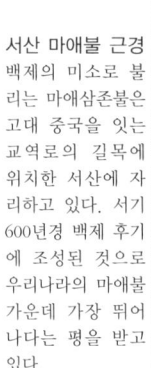

서산 마애불 근경
백제의 미소로 불리는 마애삼존불은 고대 중국을 잇는 교역로의 길목에 위치한 서산에 자리하고 있다. 서기 600년경 백제 후기에 조성된 것으로 우리나라의 마애불 가운데 가장 뛰어나다는 평을 받고 있다.

때문에 정상적인 과정을 거쳐 즉위하는 것이 어려웠다.

따라서 진사왕은 불교수용에 따른 귀족세력의 반발을 이용하여 형을 살해한 후 어린 조카를 밀어낸 후 왕위에 올랐다. 신라의 경우도 법흥왕이 불교를 국교로 삼고자 하였으나 처음에는 재래의 토착신앙에 젖은 귀족세력의 반대로 뜻을 이루지 못하였다. 법흥왕은 이차돈의 순교를 통하여 귀족세력의 반말을 무마하고 불교를 공인할 수 있었다.

그러나 백제는 불교를 수용하여 공인한 침류왕 자신이 순교자가 되었다. 진사왕은 귀족세력과 연대하여 침류왕을 밀어내고 왕위에 올랐기 때문에 불교를 배척하였다. 진사왕은 왕위에 오른 후 불교의 전파에 적극적인 노력을 기울이지 않았다.

　백제에서 불교가 본격적으로 숭앙되고 널리 전파되기 시작한 것은 아신왕 때에 이르러서였다. 아신왕은 진사왕이 죽은 후 왕위에 올라 불교의 전파에 큰 기여를 하였다. 백제에 불교가 수용된 것은 침류왕 때에 이루어졌지만 널리 신봉되기 시작한 것은 아신왕의 집권 이후였다.

2. 관미성 함락과 진사왕의 살해

진사왕은 불교를 수용하여 귀족세력과 알력을 빚은 침류왕을 정변을 일으켜 살해하고 385년 겨울에 즉위하였다.[7] 진사왕은 진가모眞嘉謀와 두지豆知 등 귀족세력의 적극적인 도움을 받아 정변에 성공하였다. 진사왕이 정변에 성공하여 왕위에 올랐지만 백제는 정국이 소용돌이에 휩싸였고 민심이 이반되었다.

백제의 집권층이 분열되고 국정이 흔들리면서 고구려가 다시 공격을 시작할 조짐을 보였다. 진사왕은 갈등이 조성된 정국을 수습하여 내정을 정비하고 숙적 고구려와의 대결에 만전을 기하였다. 진사왕은 대외적인 긴장을 권력 집중과 민심 수습의 기회로 활용하였다.

진사왕은 386년 봄에 국내의 15세 이상이 되는 사람들을 징발하여 고구려의 공격이 예상되는 국경 관문에 대대적으로 방어시설을 설치하였다.[8] 진사왕은 예성강 하구의 바닷가에서 시작하여 마식령산맥의 줄기를 따라 관방을 설치하여 고구려의 남하에 대비하였다. 진사왕대에 설치된 관방은 장성長城의 형태가 아니라 마식령산맥을 넘나드는 주요한 고개를 차단하

----
7) 『三國史記』권24, 百濟本紀2, 辰斯王 卽位年.
8) 『三國史記』권24, 百濟本紀2, 辰斯王 2年.

는 방식으로 조성되었다.

진사왕은 청목령을 중심으로 하여 백룡산-진봉산-부소압-천마산-성거산-백치로 이어지는 관방을 쌓고 고구려의 남하에 맞섰다. 백제는 대방지역에서 물러나 예성강 중·하류의 나루와 마식령산맥을 경계로 하여 고구려와 대치하였다. 백제는 대방지역과 예성강 유역을 둘러싸고 전개된 고구려와의 전쟁에서 수세 국면으로 접어들었다.

진사왕이 관방을 설치하자 고국양왕은 군대를 보내 백제의 북변을 공격하였다. 진사왕이 강력하게 방어에 나서자 고구려는 더 이상 내려올 수 없게 되었다. 백제와 고구려의 소강상태는 10년 만에 끝나고 다시 치열한 공방전이 시작되었다.

진사왕은 고구려의 침입을 격퇴한 후 자신의 즉위에 큰 도움을 준 진가모를 달솔, 두지를 은솔로 임명하는 등 집권체제를 정비하였다. 진사왕은 고구려의 침입을 격퇴한 성과를 바탕으로 측근을 앞세워 권력 집중을 도모하고 왕권 안정을 이루었다.

진사왕은 형을 살해하고 즉위하였기 정당성이 부족하고 권위가 확립되지 못하였다. 진사왕이 정변을 일으켜 왕위를 차지한 것에 대해 불만을 품고 불평을 하는 사람도 적지 않았다. 그러나 백제의 집권층은 고구려가 전쟁을 도발하여 대외적 위기가 발생하자 진사왕을 중심으로 단결을 도모하고 국력을 결집하였다.

고구려의 고국양왕은 패전을 만회하기 위하여 계속적으로 도발을 감행하였다. 고국양왕은 백제의 주력 방어선을 피하여 예성강 상류에 위치한 신계의 수곡성에서 마식령산맥을 넘어 이천과 평강을 거쳐 북한강 유역의 말갈지역으로 진출하였다. 말갈세력은 백제의 지배에서 벗어나 고구려의 영향력을 받게 되었다.

고국양왕은 백제가 고구려의 남하에 대처하기 위하여 전력을 기울이자 그 틈새를 이용하였다. 고구려의 지배를 받게 된 말갈세력은 백제 공격에 첨병으로 동원되었다. 말갈세력은 고구려의 사주를 받고 진사왕 3년(387)에 백제를 공격하여 관미령에서 승전을 거두었다.[9]

진사왕도 고구려와 말갈의 침입에 대항하여 389년 9월에 고구려의 남쪽 변경을 공격하였다. 다음해 9월에는 달솔 진가모가 군대를 이끌고 고구려를 쳐서 도곤성을 함락시키고 200명을 사로잡는 전과를 올렸다.[10] 진사왕은 승전을 거두고 돌아온 후 진가모를 병관좌평으로 임명하여 군권을 위임하였다.

진사왕은 고구려와의 거듭되는 전쟁을 기회로 활용하여 왕권강화와 권력 집중을 도모하였다. 진사왕은 고구려와 말갈세력의 침입을 물리치고 백제의 북변을 굳게 지켜냈다. 진사왕은 구원으로 사냥을 나가 7일 동안 머물면서 군사를 조련하는 등 고구려의 공격에 철저히 대비하였다.

---

9) 『三國史記』권24, 百濟本紀2, 辰斯王 3年.
10) 『三國史記』권25, 百濟本紀3, 辰斯王 6年.

진사왕은 고구려의 공격을 막아내면서 왕권을 강화하기 위한 여러 가지 노력을 기울였다. 진사왕은 궁실을 개축하고 연못을 조성하기도 하였다. 진사왕의 궁궐 개축은 화려하고 뛰어난 조경기술을 바탕으로 왕실의 권위를 높이려는 목적으로 추진되었다.[11] 궁궐 개축과 정원 조성은 많은 재원이 필요하였는데 고구려의 전쟁이 소강상태에 접어들었기 때문에 조달이 가능하였다.

그 후에도 고국양왕이 말갈을 동원하여 백제의 적현성을 공격하여 함락하는 등 도발을 지속하였지만 양국 사이에 대규모 전투가 일어나지는 않았다. 고구려는 말갈세력을 장악하여 연대를 획책하였고, 신라와 우호관계를 맺은 후 내물왕의 조카 실성을 인질로 받아들였다. 고구려는 말갈과 신라를 우군으로 끌어들여 백제를 고립시켰다.

진사왕은 중국이나 왜국을 이용하여 외교적 고립을 탈피하려는 적극적인 노력을 기울이지 않았다. 백제가 고구려의 공세에 밀려 외국의 군사적 후원을 필요로 할 만큼의 큰 어려움에 직면하지 않았다. 진사왕은 391년 7월과 8월에 각각 서쪽 지방의 큰 섬과 횡악 서쪽에서 사슴을 사냥을 하는 등 여유를 갖고 국정을 운영하였다.

진사왕은 고구려와 말갈의 공격을 잘 막아내면서 진가모

---

11) 『三國史記』권25, 百濟本紀3, 辰斯王 7年.

등을 중용하여 국정안정과 왕권강화를 도모하였다. 그러나 진사왕은 광개토왕이 왕위에 올라 전면적인 공격을 단행하면서 수세에 몰리게 되었다.

광개토왕이 즉위하면서 소수림왕 때에 추진한 태학 설립, 율령 반포 등의 체제정비 효과가 본격적으로 나타나기 시작하였다.

광개토왕은 중장기병을 중심으로 군사력을 증강하면서 백제를 향한 남진을 개시하였다. 또한 고구려는 서북 국경에서 후연과 선비족 탁발씨의 사이에 전투가 벌어져 여유를 찾을 수 있었다.

광개토왕은 예성강을 건너 진사왕이 설치한 관방을 돌파하여 석현성을 비롯한 10성을 함락하면서 임진강 계선까지 밀고 내려왔다. 광개토왕은 군대를 다시 파견하여 백제의 최대 요충지인 개풍군 백마산 부근 승천포의 해안지대에 위치한 관미성을 공격하였다.[12]

광개토왕이 관미성을 함락하면서 임진강 북안의 주요 포구를 장악하자 그 너머의 해상에 위치한 강화도마저 고구려의 수중으로 넘어 갔다. 한성에서 강화 해협을 거쳐 서해에 이르는 수로水路는 완전히 봉쇄되고 백제 수군의 작전 반경도 협소해졌다.

---

12) 文安植, 2006, 앞의 책, 178쪽.

오두산성
최근 문헌적·고고학적으로 백제의 관미성關彌城일 가능성이 제기되어 주목받고 있다. 산성은 현재 정상에 통일전망대가 들어서 있어 그 규모와 원형을 확인하기 어려울 정도로 훼손되었고 한강과 인접해 있는 가파른 북쪽 절벽 위에 약 10여 미터의 성벽이 잔존하고 있다.

　백제는 석현성 등 10성이 상실되고 북변의 요충지인 관미성마저 함락되자 일대 위기감이 팽배하였다. 백제는 관미성이 함락되어 제해권을 상실하고 서해 방면은 거의 무방비 상태가 되었다. 관미성의 상실은 396년에 광개토왕이 수군을 이끌고 서해를 통하여 수도 한성을 공격한 결정적인 계기가 되었던 만큼 백제에게는 큰 타격이 되었다.
　진사왕은 구원에서 전렵을 통해 지배층의 동요를 막고 결속을 다지려고 하였다. 진사왕의 노력은 수포로 돌아가고 자신이 살해되고 말았다. 백제본기에는 "왕이 구원에서 사냥을 하였는데 열흘이 지나도 돌아오지 않았다. 11월에 구원의 행궁에서 죽었다"라고 하여, 진사왕이 구원의 행궁에서 죽은 사

실을 전하고 있다.[13]

백제의 지배층은 석현성 등 10성의 함락과 관미성 상실로 큰 위기감을 느끼게 되었다. 진사왕이 광개토왕이 용병에 능통하다는 말을 듣고 대항하기를 회피한 끝에 한수 북쪽의 여러 부락을 상실하자, 백제의 지배층은 분노를 넘어 절망을 느끼게 되었다. 백제의 집권층은 계속되는 패전과 관미성 상실의 책임을 물어 진사왕을 폐위시켜 사태를 수습하려고 하였다.[14]

삼국시대의 판갑옷과 투구
대가야의 고분 유적인 고령 지산동 32호분에서 출토되었다.(국립중앙박물관)

진사왕의 일부 측근들이 국왕의 폐위를 반대하였을 가능성이 있지만 사태는 돌이킬 수 없는 파국으로 귀결되었다. 진사왕은 어린 조카를 밀어내고 왕위에 올랐기 때문에 도덕적인 약점마저 갖고 있었다. 진사왕이 고구려의 공세를 잘 막아내

---

13) 『三國史記』 권25, 百濟本紀3, 辰斯王 8年.
14) 梁起錫, 1990, 「百濟專制王權成立過程研究」, 단국대 대학원 박사학위논문, 76쪽.

고 있을 때는 큰 문제가 되지 않았지만, 패전을 거듭하고 유약한 태도를 보이게 되자 비난이 들끓었다. 진사왕을 보호하기 위하여 노력한 사람들도 적지 않았지만, 패전을 거듭하고 유약한 모습을 보인 진사왕은 근초고왕의 후예로서 백제를 이끌 만한 자격이 없는 것으로 판명되었다.

진사왕을 축출하고 정계를 재편하려는 일파의 중심에 선 인물은 진사왕에게 밀려 왕위에 오르지 못하고 궁 밖으로 쫓겨난 태자 아신의 장인 진무眞武이었다. 진무는 침착하고 굳세며 지략이 많은 인물로 귀족세력과 힘을 합해 진사왕을 몰아내고 조카 아신을 왕으로 옹립하였다. 진사왕은 관미성 상실과 패전에 대한 사후 수습책을 놓고 지배세력 사이에 대립과 갈등이 벌어져 재위 8년 만에 권좌에서 축출되었다.

3. 아신왕과 광개토왕의 숙명적인 대결

　진사왕이 고구려에 밀려 패전을 거듭한 끝에 구원의 행궁에서 의문의 죽임을 당한 후 아신왕이 즉위하였다. 아신왕은 부왕 침류왕이 사망한 후 나이가 어려 즉위하지 못하고 숙부 진사가 대신 왕위에 올랐다. 진사왕이 즉위할 무렵 아신왕의 나이는 많아야 15세 전후였고, 진사왕이 재위 8년 만에 사망하였기 때문에 20세를 전후한 나이로 왕위에 오르게 되었다.
　아신왕은 20세 전후의 나이에 불과하여 경륜과 식견이 부족하였지만 장인 진무의 보필을 받아 392년 겨울에 왕위에 오를 수 있었다.[15] 아신왕은 즉위한 다음 해(393) 정월에 동명의 사당을 배알하였고, 남쪽 제단에서 천지신에 제사를 지내면서 이반된 민심을 수습하고 고구려에 대한 보복을 다짐하였다. 아신왕은 부왕이 불교를 수용하는 과정에서 귀족세력과 알력을 빚어 시해당한 것을 염두에 두고 전통적인 제의행사를 소홀히 하지 않았다.
　아신왕은 즉위 사실을 조상과 하늘에 고한 후 진무를 군대를 운용하는 좌장으로 삼는 등 집권체제를 정비하였다. 군사통수권은 군정권과 군령권으로 구분되는데 병관좌평은 성곽을 축조하는 등의 주로 행정적인 업무를 관장하였고, 좌장은

---

15) 『三國遺事』권3, 興法3, 難陀闢濟.

군대의 운용과 직결되는 군령권을 담당하였다. 아신왕은 강력한 후원자이며 신망이 높고 침착한 성격의 진무를 전면에 내세워 왕권의 안정을 도모하였다.

아신왕은 왕권이 안정되고 국정이 정비되자 393년 8월에 진무에게 군대를 주어 관미성과 석현성 등의 북방영토를 회복하기 위하여 군대를 일으켰다.[16] 아신왕은 즉위한 지 9개월 만에 고구려 공격을 단행하였다. 아신왕이 왕위에 오른 후 곧바로 실지회복을 추진한 것은 진사왕을 밀어내고 즉위한 권력획득의 정당성과 직결되었기 때문이다.

그러나 아신왕의 즉위 후 첫 번째 출병은 성공을 거두지 못하고 실패로 끝나고 말았다. 아신왕은 패전에 굴하지 않고 실지회복과 무너진 백제의 영광을 재현하기 위하여 줄기차게 북진을 시도하였다. 아신왕은 패전의 상처를 치유하고 민심을 회복한 후 다음 전쟁을 준비하고자 394년 2월에 집권체제를 정비하였다.

아신왕은 맏아들 전지를 태자로 삼고, 이복동생 홍洪을 내신좌평으로 임명하였다.[17] 태자는 갓난아이에 불과하고, 내신좌평에 임명된 홍 역시 경륜과 식견이 부족한 20세 전후의 신출내기였다. 아신왕은 태자를 책봉하여 차기 왕위계승 순서를

....
16) 『三國史記』권25, 百濟本紀3, 阿莘王 2年.
17) 『三國史記』권25, 百濟本紀3, 阿莘王 3年.

광개토왕릉비와 비각의 현재 모습
1928년 집안현의 지사였던 劉天成이 자금을 모금하여 2층으로 된 비각을 설치하였다. 비각이 오래되어 낡고 붕괴의 위험이 있어 1976년에 헐고, 1982년에 현재의 대형 비각을 설치하여 비바람으로 인한 침식을 막아 주고 있다.

정하였고, 수석좌평에 해당하는 내신좌평에 이복동생을 임명하여 잦은 정변으로 약화된 왕실의 권위와 위엄을 높이고자 하였다.

전지를 태자로 책봉한 후 죄수들을 크게 사면하는 등 민심을 수습하고 내정의 안정을 기하였다. 전지의 태자 책봉과 홍의 내신좌평 임명에도 불구하고 실권은 여전히 군사권을 장악한 진무의 수중에 있었다. 아신왕은 집권체제 개편과 사면 실시 등을 통해 왕권 안정과 내정 정비를 도모하고 민심을 수습한 후 다시 고구려 공격에 나섰다.

백제와 고구려는 양국의 수도인 한성과 평양성을 잇는 중간지대에 해당하는 예성강 유역과 임진강 유역의 교통로 상에 분포하는 요충지를 차지하기 위하여 공방전을 벌였다. 백제와 고구려의 여러 차례에 걸친 전투는 항상 고구려의 승리로 귀결되었다.

광개토왕릉비에는 고구려의 승리와 백제의 연전연패에 관한 기록만을 전하고 있다. 아신왕은 진무와 같은 지략이 풍부한 장수를 거느리고 있으면서 단 한 번의 승전도 거두지 못했다. 광개토왕릉비는 주인공의 아들인 장수왕이 부왕의 훈적을 기념하여 세운 송덕비이기 때문에 과장된 면이 없지 않다.

고구려는 백제를 숙적으로 증오하고 있었기 때문에 백제전의 공적 서술이 일방적으로 과장되었다. 어쩌면 비문에 보이는 것처럼 고구려가 일방적으로 전쟁의 주도권을 장악한 것이 아닐지도 모른다. 아신왕은 전쟁을 승리로 이끌기 위해 민심을 수습하고 국력을 결집하는 과정에서 왕권강화를 이루었다.

아신왕은 수 차례에 걸쳐 고구려를 공격하여 전술적인 패배를 거듭하였지만, 고구려를 압박하여 예성강 북안으로 물러나게 만든 전략적 성공을 거두었다.[18] 아신왕은 해를 거듭하면서 국정운영의 경험이 쌓이고 식견이 높아졌으며, 진두에 서서 군사를 지휘하는 등 명실상부한 국왕다운 위상과 권한을 갖게 되었다.

---

18) 文安植, 2006, 앞의 책, 180~207쪽.

아신왕은 '한성의 별궁에서 태어났을 때 신비로운 광채가 밤에 비치었고 장성함에 뜻과 기개가 빼어났다'[19]라는 자질이 뛰어난 군왕답게 광개토왕의 남하정책에 정면으로 맞서 계속되는 시련 속에서도 큰 성과를 거두었다.

백제와 고구려 사이에 전개된 팽팽한 공방전은 396년에 이르러 균형이 일시에 붕괴되는 사건이 발생하였다. 광개토왕은 아신왕의 거듭되는 공격을 원천적으로 무력화시키기 위하여 전격전을 감행하였다. 백제는 광개토왕이 보낸 수군과 기습부대의 공격을 받아 한성이 포위된 끝에 많은 굴욕을 감수하고 휴전을 청하는 사태에 이르렀다.

광개토왕은 육군이 청목령 등지에서 백제군과 산발적인 전투를 벌이는 동안 수군을 이끌고 한성을 기습하여 아신왕의 항복을 받아냈다. 그러나 광개토왕은 서울 강북과 한성 주변 지역에 주둔한 백제군의 반격을 받으면 퇴로가 차단될 것을 염려하여 '노객奴客'이 되겠다는 아신왕의 서약을 받은 후 인질을 데리고 귀환하였다.

광개토왕은 백제의 한성에 대한 공격을 전후로 하여 남한강 유역까지 진출하였다. 고구려군은 남한강 유역을 석권한 후 죽령과 조령 등을 통해 신라와 연결되는 교통로를 개통한 후 철군하였다. 백제는 396년에 광개토왕이 수군을 이끌고 한

---

19) 『三國史記』권25, 百濟本紀3, 阿莘王 前文.

성을 공격하기에 앞서 임진강 이북지역과 말갈지역 전체를 상실하였다.

아신왕의 즉위 이후 고구려에게 밀리면서도 가까스로 유지되어 오던 양국 사이의 세력균형은 일순간에 깨져 버렸다. 아신왕은 고구려군이 한성에서 물러가자 치욕적인 패전을 보복하기 위하여 절치부심 하였다. 아신왕은 광개토왕에게 참패를 당한 후 굴욕을 씻기 위하여 노력하였으나 잦은 전쟁으로 국력이 쇠퇴하고 민생이 피폐해져 어려운 상태에 직면하였다.

백제는 고구려의 지배를 받게 된 신라가 동쪽 변경을 견제하였기 때문에 병력을 두 방면으로 분산해야 하였다. 아신왕은 이를 만회하기 위하여 근초고왕이 다져놓은 국제외교를 발전시켜 북부 구주의 왜인집단과 397년 여름에 우호관계를 맺고 태자 전지를 파견하였다. 아신왕이 전지를 왜국에 보내는 등 적극적인 외교를 펼친 것은 고구려에 밀려 불리한 상황에서 취한 대외정책의 일환이었다. 전지는 8년 동안 왜국에 체류하면서 군사외교를 성공적으로 수행하였다.[20]

아신왕은 남중국 동진에도 사절을 파견하여 고구려를 외교적으로 견제하였다. 또한 가야제국과 지속적인 접촉을 통해 신라를 배후에서 견제하고 군사지원을 받고자 하였다. 아신왕

---

20) 梁起錫, 1981, 「三國時代 人質의 性格에 대하여」, 『史學志』15, 55~56쪽.

은 고구려에 맞서 왜국 등과 우호관계를 수립하면서 국정을 정비하였다.
　아신왕은 먼저 한수 남쪽에서 대대적으로 군대를 사열하여 땅에 떨어진 사기를 높이고 군사 지휘 능력을 배양하였다. 아신왕은 398년 봄에 이르러 사두沙豆를 발탁하여 좌장으로 삼으면서 집권체제를 정비하였다.
　아신왕은 사두를 좌장으로 발탁하여 군대의 운영과 지휘를 맡기고, 진무를 병관좌평으로 삼아 병참지원 등의 군정 업무를 맡아보게 하였다. 아신왕은 패전 책임을 물어 진무의 군령권을 박탈하고 사두를 중용하여 백제군의 지휘체계를 일신하였다.
　아신왕은 내정은 이복동생 홍을 비롯한 왕족에 맡기고, 군사권은 진씨세력 및 사씨세력에게 위임함으로써 상호 견제를 통해 권력의 편중을 방지하고 왕권 안정을 도모하였다. 또한 아신왕은 임진강 북안의 요충지에 397년 3월에 쌍현성을 축조하여 고구려의 공격을 대비하였다.[21]
　백제가 임진강 북쪽의 장단지역에 쌍현성을 축조하여 군대를 주둔시키자, 고구려는 배후에 적을 두고 강을 건너 남쪽으로 내려올 수 없게 되었다. 아신왕은 군대의 사열을 통하여 패배의 후유증을 만회하고 쌍현성을 축조하여 북진을 준비하는

---

21) 『三國史記』권25, 百濟本紀3, 阿莘王 7年.

등 신속하게 국력을 재정비하였다.

아신왕은 패배의 후유증을 벗어나 전열이 정비되자 397년(동왕 6) 8월에 직접 군대를 이끌고 한산 북쪽의 목책에 이르렀다. 그러나 아신왕은 큰 별이 병영 안에 떨어지자 불길한 징조로 간주하여 정벌을 중지하였다. 아신왕은 군대를 일으켜 공격에 나섰으나 거듭된 참패 속에서 자신감을 상실하여 매우 위축된 상태에 있었다. 아신왕은 병영에 별이 떨어진 것을 핑계 삼아 군대를 돌리고 말았다.[22]

아신왕은 거듭된 시련을 겪으면서도 서울 사람들을 모아 서대에서 활쏘기 연습을 시키는 등 군사훈련을 게을리 하지 않았다. 아신왕은 399년(동왕 8) 8월에 다시 군사와 말들을 크게 징발하여 고구려 공격을 준비하였다. 그러나 잦은 징발로 인한 고통을 견디지 못한 백성들 중에서 신라로 도망하는 사람들이 생겨났다.[23]

삼국 사이에 정복활동이 본격화되는 4세기 이후 전쟁의 규모가 커지면서 자연스럽게 농민들에 대한 군역 징발이 확대되었다. 이 때문에 부담을 이기지 못해 도망하는 사람이 발생하는 등 부작용이 생겨난 것이다.

아신왕은 고구려의 사주를 받고 백제를 견제하는 신라를

---

22) 『三國史記』권25, 百濟本紀3, 阿莘王 7年.
23) 『三國史記』권25, 百濟本紀3, 阿莘王 8年.

공격하기 위하여 가야와 왜를 이용하였다. 광개토왕릉비에는 백제가 399년에 가야 및 왜국과 연대하여 신라를 대대적으로 공격한 사실이 남아 있다. 광개토왕은 신라의 내물왕이 사신을 파견하여 왜인의 침입 사실을 알리고 구원을 요청하자, 400년에 보병과 기병 5만을 보내 신라를 구원하였다.

광개토왕은 대군을 보내 신라를 구원했지만 백제 방면으로 군대를 진군시키지는 않았다. 백제의 변경 수비가 엄중한 것도 원인이 되었지만 서북방에서 후연과의 대립이 지속되고 있었기 때문에 신속히 철군해야 하였다. 광개토왕은 북으로 군사를 돌려 다시 후연과의 일진일퇴의 공방전에 돌입하였다.

아신왕은 자국 병력 외에도 가야병과 왜군을 끌어들여 고구려와 신라에 맞섰지만 열세를 극복하지 못하였다. 아신왕은 오히려 동맹세력 가야연맹이 광개토왕의 강력한 반격을 받아 해체되는 과정을 지켜 볼 수밖에 없었다.

그 외에도 백제는 거듭되는 패전의 참화 속에 400년 봄과 여름에 고대사회에서 매우 불길한 징조로 간주되는 혜성이 출현하고 일식이 일어나는 등 민심마저 흉흉하게 되었다. 또한 402년에는 큰 가뭄이 들어 들판의 벼가 타 들어가자 아신왕이 직접 횡악에서 기우제를 지내기도 하였다.[24] 아신왕은 불길한 징조가 연이어 발생하고 재난이 일어나자 전쟁을 일으키지 않

---

24) 『三國史記』권25, 百濟本紀3, 阿莘王 11年.

고 민생회복에 주력하였다.

　광개토왕 역시 후연과 치열한 접전을 거듭하고 있었기 때문에 백제 공격에 나설 수 없었다. 광개토왕은 402년과 403년에 군대를 파견하여 후연을 공격하였고, 404년에는 후연이 요동성을 공격하는 등 물고 물리는 접전을 계속하였다.

　아신왕은 휴식 기간을 갖은 후 고구려군의 주력이 북방전선에 묶여 있는 것을 기회로 삼아 404년에 왜와 연합하여 대방지역을 공격하였다. 아신왕의 요청을 받고 한반도로 파병된 왜군은 남해안의 양산 방면[25]을 먼저 공격하여 신라를 견제한 후 백제에 도착하였다. 백제와 왜국은 연합수군을 편성하여 서해안의 백제 땅에서 발진한 후 북상하여 대방지역을 공격하였다.

　연합수군이 바다를 통해 공격하자 광개토왕은 직접 군대를 이끌고 평양성에서 남하하여 패주시켰다. 이 전투를 최후로 하여 한반도에서 왜병은 물러나게 되었다. 백제와 고구려 양국이 국가의 운명을 걸고 전개한 치열한 공방전은 아신왕이

---

25) 『日本書紀』神功紀에 의하면 왜국은 신라에 대한 보복으로 蹈鞴津에 나아가 草羅城을 공격했다고 한다(『日本書紀』권9, 神功紀 5年). 도비는 繼體紀 23년(『日本書紀』권17, 繼體天皇 23年)에 공략한 多多羅로 지금의 부산 다대포에 해당하고, 草羅城은 삽량으로 현재의 경남 양산이다(三品彰英, 1962, 『日本書紀 朝鮮關係記事考證』上卷, 吉川弘文館, 85쪽).

재위 14년째인 405년에 30대 중반의 젊은 나이에 사망하면서 끝나게 되었다.[26)]

　아신왕은 짧지 않은 치세 동안 광개토왕에게 당한 치욕을 씻고 실지를 회복하기 위하여 고군분투하였다. 백제군은 고구려군에 비하여 병력 숫자와 국력, 무기와 무장 등이 모두 열세에 있었다. 고구려군이 중장기병을 앞세워 우수한 무기로 공격해 오는 데 비하여 백제군은 경장기병과 활·도끼·칼·창 등으로 무장하고 대항하였다. 고구려군이 장창長槍과 쇠뇌를 들고 철로 만든 갑옷으로 무장한 중장기병을 앞세워 공세를 취하자 백제군의 전열은 속절없이 무너졌다.[27)]

　아신왕은 병력 수나 무장 수준 등이 빈약한 백제군의 전력을 보완하기 위하여 왜군과 가야를 끌어들여 적극적으로 맞섰지만 광개토왕의 반격에 밀려 큰 성과를 거두지 못하였다. 그러나 투지를 불사른 아신왕의 백절불굴百折不屈의 자세와 백제 장병들의 장렬한 기개만큼은 높이 평가할 만하다.

....
26) 백제본기 진사왕 前文에 의하면 아신왕은 침류왕이 사망한 후 나이가 어려 즉위하지 못하고, 숙부 진사가 대신 왕위에 올랐다. 따라서 진사왕이 즉위할 무렵 아신왕의 나이가 20세는 못되고 많아야 15세 전후로 추정된다. 진사왕이 재위 8년 만에 사망하자 아신왕이 10대 후반에서 20대 초반의 나이로 왕위에 오르게 되었다. 또한 아신왕이 재위 14년 만에 사망한 점을 고려하면, 薨逝할 무렵 그의 나이는 30대 초반에서 30대 후반 정도였음을 알 수 있다.
27) 이인철, 2000, 『고구려의 대외정복 연구』, 백산자료원, 272쪽.

백제는 오랜 전란으로 국력이 피폐해지고 민심이 이반되어 아신왕의 사후 왕권이 위축되고 귀족세력이 발호하여 자주 정변이 발생하는 시기가 도래하였다. 백제는 고구려에 맞서 더 이상 적극적인 공세를 펴지 못하고 수세에 급급하게 되었다. 근초고왕 이래 고구려와의 전쟁을 주도한 진씨세력이 약화되고 해씨세력이 정국운영을 담당하게 되었다.

백제의 약화와 더불어 연합전선을 구축하였던 가야제국과 왜국도 큰 변화를 겪었다. 가야제국은 광개토왕의 공격과 백제의 약화로 말미암아 연맹체를 주도한 금관가야가 몰락하였다.

왜국 역시 교역관계를 맺고 있던 가야제국이 약화되어 철자원 등 선진문물의 수입이 어렵게 되면서 큰 어려움을 겪게 되었다. 일본 열도의 각 지역집단이 구주세력을 대신하여 기내畿內의 야마토大和 정권을 중심으로 결집되는 계기가 되었다.

4장 왕권의 실추와 귀족세력의 도전

1. 형제 간의 골육상쟁과 전지왕의 즉위

아신왕이 30대 후반의 젊은 나이에 사망하자 맏아들 전지가 왕위에 올랐다. 전지는 태어난 지 얼마 안 되어 394년(아신왕 3)에 태자로 책봉되었으며, 왜국으로 건너가 9년 동안 체류하였다. 백제가 왜국과 외교관계를 맺은 것은 372년(근초고왕 27)에 가야의 탁순국을 매개로 하여 이루어졌다.

백제와 왜국의 외교관계는 아신왕이 태자 전지를 파견하면서 더욱 밀접해졌다. 아신왕은 402년에는 사신을 보내 큰 구슬을 구했고, 그 다음 해에는 왜국의 사신이 도착하자 후하게 대접하였다.[1] 백제와 통교한 왜인의 본거지에 대해서는 왜=가야 입장,[2] 일본 열도,[3] 한반도 남부와 구주 북부 일대를 그 세력권으로 하였다는 주장[4] 등이 있다.

그러나 백제와 관계를 맺은 왜국을 구주 북부지방의 집단으로 이해하는 것이 일반적이다. 아신왕이 왜국에 적극적인 외교관계를 펼친 것은 고구려의 남침 때문이었다. 태자 전지

---

1) 『三國史記』권25, 百濟本紀3, 阿莘王 12年.
2) 井上秀雄, 1973, 「조선에서의 고대사 연구와 倭에 대하여」, 『任那日本府と倭』, 東出版.
3) 古田武彦, 1979, 『잃어버린 九州王朝』, 角川書店.
4) 李鍾恒, 1977, 「삼국사기에 보이는 왜의 실체에 대하여」, 『국민대학교 논문집-인문과학편』11집.

의 왜국 파견은 고구려에 밀려 불리한 상황에서 취한 군사정책의 일환이었다.[5]

아신왕은 397년(동왕 6)에 왜군을 동원하기 위하여 우호관계를 맺고 태자 전지를 왜국에 파견하였다. 전지의 파견과 귀국에 관한 사료는 이례적으로 『삼국사기』와 『일본서기』에 모두 실려 있다. 백제본기 아신왕 6년 조에는 전지가 왜국에 인질로 파견되었다는 기록이 남아 있다.

『일본서기』 응신기應神紀 8년 조에도 동일한 사실을 전하면서, "아화왕阿花王이 왕위에 있으면서 귀국貴國에 예의를 갖추지 않았으므로 (일본)이 우리의 침미다례枕彌多禮 및 현남峴南·지침支侵·곡나谷那·동한東韓의 땅을 빼앗았다. 이에 왕자 직지直支를 천조天朝에 보내 선왕의 우호를 닦게 하였다."[6]라고 하였듯이, 전지가 파견된 이유를 아신왕이 일본에 무례한 것을 사과하기 위한 것으로 설명하고 있다.

그러나 『일본서기』에 보이는 '귀국貴國'과 '천조天朝'라는 용어는 백제기의 윤색을 말해주는 것이고, 무례라는 표현도 백제를 복속국으로 간주하는 이데올로기적인 용어에 불과하다.[7]

....
5) 李基東, 1990, 「百濟의 勃興과 對倭國關係의 成立」, 『古代韓日文化交流研究』, 정신문화연구원, 252쪽.
6) 『日本書紀』권10, 應神紀 8年 春三月.
7) 『日本書紀』의 편찬 목적은 대내적으로는 천황제 국가권력의 확립과 대외적으로는 현실적 적대세력인 신라를 조공국으로 보려는 율령제

또한 아신왕이 왜국과 우호관계를 맺고 전지를 인질로 보냈다는 내용의 실상은 청병사에 가까운 외교적 임무를 띤 국왕의 특사로 판단된다.[8]

아신왕이 전지를 왜국에 파견한 것은 백제의 위급한 상황을 말해주는 것으로 장기적 전망 속에서 나온 군사외교였다. 삼국과 왜국 사이의 300년 외교사를 살펴보면 군사외교가 주축을 이루고 있다. 백제의 대왜외교가 고구려와 신라에 비해 사절의 왕래 횟수나 내용 면에서 압도적으로 우세하였고, 왜국도 적극적이고 지속적으로 친백제노선을 변함없이 견지하였다.

백제의 대왜외교의 주역으로서 활약한 왕족들은 태자 혹은 차기 왕위계승권에 가까운 인물들이었다. 이들은 왜국에 체재하면서 주요한 행사에 참석하거나 지배층과의 혼인이나 교류 등의 개별 접촉을 통해 우호적인 세력의 형성을 꾀하였다. 전지는 태자라는 지위를 지닌 상징적인 인물에 불과하였고 외교

....

적 대외인식을 반영한다(朱甫暾, 1999, 「日本書紀」의 편찬배경과 임나일본부설의 성립」, 『한국고대사연구』15, 35~40쪽). 또한 '日本'이라는 호칭 자체도 7세기가 되어서 비로소 사용된 것인 만큼 4세기 당시에는 '倭'라고 했을 것이다. 일본을 가리켜 '天朝' 혹은 '聖朝'라 하고 백제를 가리켜 '西蕃'이라 표기한 것도 日本版 中華思想에 입각하여 통일신라를 蕃國視하던 8세기 초 『日本書紀』 편찬 당시에나 사용된 표현이다(李基東, 1990, 앞의 글).

8) 梁起錫, 1981, 앞의 글.

정책의 입안과 실행은 실무자가 담당하였다.

전지는 8년 동안 왜국에 체류하면서 군사외교를 성공적으로 수행하였다. 이는 광개토왕비문의 영락 9년(399), 10년 조에 보이듯이 왜군이 한반도로 출병하여 신라와 고구려를 상대로 전쟁을 치른 사실을 통해서 입증된다. 왜군이 바다를 건너 멀리 대방지역까지 진출하여 고구려와 전쟁을 치른 사실이 영락 14년 조의 기사에도 보인다.

한반도에 출병한 왜병은 구주왕국이 파견한 서일본지역의 연합군으로 구성되었다. 이들은 통상왕국[9]으로 표현될 만큼 국제무역을 주도한 세력이었다. 백제의 아신왕은 전지를 왜국에 파견하여 선진물자를 매개로 하여 고구려와의 전쟁에 끌어들였다.

그러나 백제와 왜국의 연합군은 광개토왕의 반격에 밀려 패배를 거듭하였다. 아신왕이 실지회복의 꿈을 이루지 못하고 405년에 사망하자 왜국에 파견된 맏아들 전지가 9년 만에 귀국하게 되었다.[10] 아신왕이 30대 후반에 사망한 점을 고려하면 왜국에서 귀국할 무렵 전지의 나이는 10대 후반 정도로 추정되며, 많아야 20세를 갓 넘긴 젊은이였다.

전지는 부왕의 부음을 듣고 바다를 건너 귀국을 서두르게

----

9) 水野祐, 1968, 『日本國家の成立』, 講談社 現代新書.
10) 『三國史記』권25, 百濟本紀3, 腆支王 卽位年.

되었다. 전지는 10세 전후의 어린 나이에 왜국으로 건너가 청년으로 성장하여 귀국하게 되었다. 전지가 왜국에서 백제로 귀국하기까지 적지 않은 시간이 소요되었기 때문에 아신왕의 둘째 동생 훈해訓解가 정사를 대리하였다.

훈해는 국가의 주요 정책을 귀족들과 합의하에 처리하면서 전지의 귀국을 기다렸다. 그러나 왕족 사이에 알력이 생겨 국왕 직무 대리 훈해가 살해되는 사건이 발생하였다. 아신왕 막내 동생 혈례蝶禮가 형인 훈해를 죽이고 스스로 왕이 되려고 하였다. 국왕이 부재한 상태에서 발생한 정변은 왕족과 귀족세력이 서로 어울러져 자파에 유리한 인물을 옹립하기 위한 권력투쟁의 일환이었다.

혈례의 배후에는 근초고왕 이래 백제의 왕비족으로 군림하면서 정국을 주도한 진씨세력이 도사리고 있었다. 진씨세력은 근초고왕대 이래 누려온 기득권을 유지하기 위해 왜국에서 귀국하는 전지를 대신하여 혈례를 국왕으로 추대하고자 하였다. 진씨세력이 훈해를 제거하고 혈례를 옹립한 까닭은 잘 알 수 없다. 다만 훈해가 진씨세력의 라이벌인 해씨세력과 혼인을 통한 인척관계를 맺고 있었기 때문으로 추정된다.

진씨세력은 해씨세력이 훈해를 도와 전지왕을 즉위시켜 권력의 중추에 진입하는 것을 막고자 하였다. 혈례는 진씨세력의 적극적인 도움을 받아 국왕으로 추대되었지만 대부분의 왕족과 해씨를 비롯한 일반 귀족세력들의 저항에 직면하였다. 전지는 정국이 표류하고 있을 무렵에 신박을 이용해 해안에 도달하였다.

전지는 국내의 정세가 급변한 상황을 전혀 알지 못하고 왜병 1백 명의 호위를 받아 한성으로 들어가고자 하였다. 이 무렵 한성에 거주하는 해충解忠이 와서 혈례가 훈해를 죽이고 왕위를 차지한 사실을 알렸다. 해충은 해씨집단의 일원으로 전지에게 정황을 알리기 위해 밀사로 파견된 인물이었다.[11]

전지는 한성으로 들어가지 못하고 서해안의 섬에 머무르며 왜병으로 하여금 호위에 만전을 기하면서 정국의 변화를 주시하였다. 전지의 귀국 소식을 접한 왕족과 해씨를 비롯한 귀족세력은 병력을 일으켜 혈례를 죽이고 그 주위에 포진한 진씨세력을 제압하는 데 성공하였다. 왕족과 대부분의 귀족세력들은 전지왕의 즉위가 명분이 있고, 오랫동안 진씨세력의 전횡에 시달렸기 때문에 해씨세력을 지원하였다.

전지왕은 반란 진압의 소식을 접하고 한성으로 돌아와 왕위에 올랐다. 전지왕은 부왕의 사망 이후 발생한 정변으로 숙부 두 사람의 죽음을 딛고 즉위하였다. 전지왕은 피비린내나는 정변을 겪은 후 즉위하였지만 실권이 없는 무력한 국왕에 불과하였다.

전지왕은 왜국에 오랫동안 체류하였기 때문에 국내기반이 미약하였다. 나이 어린 전지왕은 부왕과 숙부가 사망하였을 뿐만 아니라 정변의 와중에서 왕실이 분열되었기 때문에 믿고

----
11) 『三國史記』권25, 百濟本紀3, 腆支王 卽位年.

133

의지할 만한 인물이 거의 없었다.

전지왕의 즉위 후 어린 국왕을 대신하여 권력을 장악하여 국정운영을 주도한 것은 해씨세력이었다. 전지왕의 즉위에 해충을 비롯한 해씨세력의 지원이 절대적이었기 때문에 종래의 진씨를 대신하여 해씨가 정국운영을 주도하였다. 해씨집단은 자신들의 가문 내에서 팔수八須라는 여인을 골라 전지왕과 혼사를 치렀다.

이로써 근초고왕대부터 아신왕대까지 왕비를 배출하면서 정국운영에 큰 영향력을 행사하였던 '진씨왕비족시대'는 끝나고, 새롭게 '해씨왕비족시대'가 열려 비류왕대까지 50년 동안 해씨세력이 권력을 장악하였다. 전지왕은 405년 가을에 왕위에 올라 420년 봄에 사망할 때까지 15년 동안 재위에 있었지만, 국정 운영의 실권은 해수解須와 해구解丘를 비롯한 해씨세력이 장악하였다.

전지왕은 왕위에 오른 다음해 봄에 동명왕의 사당에 배알하고 남쪽 제단에서 천지신명에 제사를 지내는 등 왕권의 위엄과 존엄을 만방에 드러냈다. 또한 죄인들을 크게 사면하여 민심을 수습하고 국왕의 은혜를 널리 베풀기도 하였다.

전지왕의 노력에도 불구하고 해씨세력이 국정을 장악하여 인사권을 남용하였다. 전지왕이 왜국에서 출발하여 국경에 도착하여 머물 때 밀사로 파견되어 정변을 알린 해충은 달솔로 임명되고 조租 1,000석을 하사받았다. 또한 해씨집단의 대표적인 인물인 해수는 내법좌평, 해구는 병관좌평에 각각 임명되어 형벌 집행 권한과 병권을 장악하였다.

전지왕 이후 삼근왕까지 5대에 걸쳐 해씨에서 왕비가 나오던 시대를 '진씨왕비족시대'와 대비시켜 '해씨왕비족시대'로 부른다.[12] 전지왕이 해씨세력의 독주가 염려되어 이복동생 여신餘信을 상좌평에 임명하고 군국정사를 위임하였지만 그 역시 나이가 어리고 경륜이 부족하여 실권 없는 존재에 불과하였다. 백제의 주요 국정은 해수와 해구가 주도한 좌평회의에서 처리되었다.

백제는 6명의 좌평을 두어 최고의 중앙행정을 나누어 맡도록 하였다. 왕명의 출납을 맡았던 내신좌평이 수상이었지만 여신이 처음으로 상좌평이 되어 6좌평을 관장하게 되었다.[13] 좌평회의의 최고위직은 상좌평 여신이 담당하였지만 허수아비에 불과하였다. 해씨세력은 실권이 없는 여신을 상좌평에 앉혀 놓고 그의 입을 빌어 주요 국정을 운영하고 처리하였다.

상좌평에 대한 임명권은 국왕의 수중에 있지 않고『삼국유사』의 기이紀異 조에, "호암사 절에는 정사암이란 바위가 있으

---

12) 李基白, 1959, 「백제 왕위 계승고」, 『역사학보』11, 31~35쪽.
13) 상좌평의 설치를 왕권강화의 측면보다는 귀족세력들의 이익과 의사를 대변하기 위한 제도적 장치로 보는 견해도 있다. 즉, 전지왕 이후의 정치운영은 상좌평으로 대변되는 귀족중심의 형태였다는 것이다(盧重國, 1988, 앞의 책, 141쪽). 이와는 달리 상좌평이 설치되면서 6좌평과 국왕 사이에 한 단계의 직이 마련됨으로써 왕이 상징적인 존재로 부상한 것으로 이해하기도 한다(李鍾旭, 1976, 「百濟의 國家 形成」, 『大丘史學』11, 44쪽).

니 나라에서 재상을 선출할 때에는 당선될 후보자 3~4인의 이름을 써서 봉함을 하여 바위 위에 두었다가 조금 뒤에 집어 보아 이름 위에 도장이 찍힌 사람을 재상으로 삼았으니, 이 때문에 정사암이라 한 것이다"[14]라고 하였듯이, 정사암에서 이루어진 귀족회의에서 결정되었다.

백제의 귀족회의체는 중앙집권적 귀족국가를 형성한 근초고왕대에 '제솔회의체諸率會議體'에서 시작하여 '제신회의체諸臣會議體'로 바뀌었고, 전지왕대에 상좌평이 설치되면서 그를 의장으로 하는 '5좌평회의체'로 바뀌었다. 백제가 중앙집권적 귀족국가체제를 갖추었다고 할지라도 정치운영에 있어서 귀족들에 의한 합좌제적 성격은 유지되었다.

백제의 귀족회의체는 명칭과 성격의 변화에도 불구하고 의장의 선출이나 왕위의 계승문제, 전쟁의 선포와 같은 중요한 국사를 논의하고 결정하였다.[15] 귀족회의는 구성원 상호 간의 의견 조율을 거쳐 처리되는 것이 일반적이었지만, 상좌평은 정권을 주도하고 권력을 장악한 특정 파벌의 인물이 임명되었을 가능성이 높다.

해씨세력은 전지왕의 즉위를 계기로 하여 실권을 장악하였지만 상좌평을 차지하지 않고 국왕의 이복동생 여신을 추대하

---

14) 『三國遺事』권2, 南夫餘 前百濟.
15) 盧重國, 1995, 「백제의 정치·경제와 사회」, 『한국사』6, 176~178쪽.

였다. 해수나 해구가 상좌평을 차지하여 정국을 주도하기 위해서는 적지 않은 부담감이 따랐기 때문이다. 그 대신에 해씨세력은 어린 여신을 상좌평으로 내세워 실권을 장악하는 방법을 택하였다.

여신은 전지왕의 재위 4년(408)에 상좌평에 임명되어 비류왕 2년(428)에 사망할 때까지 그 직책을 유지하였다. 전지왕대이래 구이신왕을 거쳐 비류왕 전반기까지 여신과 해수 및 해구가 국정을 주도하는 집권체제가 열리게 되었다. 여신은 상좌평에 제수되면서 전지왕으로부터 군국정사를 위임받았다.

여신에게 위임된 군국정사는 군사권과 민사권을 모두 포함한 것으로, 훗날 삼근왕이 해구解仇에게 위임한 경우를 합해 단지 2회에 불과한 전례가 없는 일이었다. 국정운영의 실권은 국왕에게 있지 않고 여신과 그를 조정하는 막후의 집단이 장악하였다. 여신은 상좌평에 임명된 이후 죽을 때까지 20년 동안 해씨세력에 맞서지 않고 적극 협력하면서 일신의 영달을 누렸다.

전지왕대는 해씨세력이 권력의 핵심을 장악하고 왕권이 매우 약화되었지만 대외적으로 안정된 시기였다. 아신왕이 사망한 후 백제와 고구려는 더 이상 전쟁을 일으키지 않았다. 또한 전지왕대에는 중국의 남조 및 왜국과 우호적인 외교관계를 유지하였다.

전지왕은 즉위한 다음해(406)에 동진東晋에 사절을 파견하였으며, 416년에는 진동장군 백제왕鎭東將軍 百濟王을 제수 받았다.[16] 전지왕은 동진과 우호관계를 맺어 고구려를 견제하고 공식적인 무역 및 기타 문화교류를 꾀하려고 하였다.

전지왕은 본인이 8년 동안 머무른 왜국과도 우호관계를 긴밀히 하였다. 전지왕이 409년(동왕 5)에 왜국에 사신을 보내 야명주夜明珠를 전하니 왜왕이 후히 대접하였고, 418년(동왕 14)에도 다시 사신을 파견하여 흰 면포 10필을 증여[17]하는 등 돈독한 관계를 유지하였다.

전지왕은 집권 전반기에 왕권이 위축되고 권신이 발호하여 시련을 겪었지만, 국가는 태평하고 백성은 전란이 없어 평화로운 시기를 보냈다. 백제는 고구려와 전쟁이 격화된 지 40여 년 만에 전란이 없는 평화로운 시대를 맞이하여 민생이 회복되고 여유를 찾게 되었다.

그러나 전지왕의 집권 후반기에 접어들어 혜성과 일식이 자주 출현하는 등 이상한 조짐이 감돌기 시작하였다. 전지왕의 재위 11년(415) 여름에 혜성이 출현하였고, 13년에 봄에는 일식이 있었으며, 여름에는 가뭄이 들어 백성들이 굶주렸다. 또한 전지왕의 재위 15년 봄에 다시 혜성이 나타났고, 겨울에 일식이 있었다.[18]

옛 사람들은 혜성이나 일식 등의 천문현상을 인간에게 무엇인가를 알려주는 하늘의 경고로 받아들였다. 국왕이 정치를 잘

---

16) 『三國史記』권25, 百濟本紀3, 腆支王 12年.
17) 『三國史記』권25, 百濟本紀3, 腆支王 14年.
18) 『三國史記』권25, 百濟本紀3, 腆支王 11·13·15年.

하면 천체운행과 기상이 순조롭고, 정치가 잘못되면 여러 변괴를 일으켜 경고를 하고 재앙을 내리는 것으로 인식하였다.

하늘의 경고인 혜성의 출현과 일식과 같은 천변이 나타나면 국왕 이하 모든 관원들은 두려워하는 마음으로 반성하고 행동을 삼가야 하였다.

『삼국사기』에는 삼국 모두를 합하여 혜성이 출현한 기록이 57회 남아 있고, 일식은 백제에서만 20회의 출현 기록이 전해지고 있다. 그 중에서 전지왕 집권 후반기에 일식과 혜성의 출현이 각각 2회씩 남아 있는 것은 천변이 자주 발생하였음을 의미한다.

혜성의 출현은 수 많은 별들이 밤의 하늘을 평화롭게 장식하고 있을 때 긴 꼬리를 달고 나타나기 때문에 침입자와 같은 공포심을 안겨 주었다. 또한 일식은 음기의 정수인 달이 양기의 정수인 해를 범하는 것으로 이해하여, 왕비나 신하가 임금을 핍박하는 것으로 해석되어 천변 중에서 가장 두려운 것에 속하였다.

전지왕 집권 후반기에 일식과 혜성에 관한 기록이 4회에 걸쳐 남아 있는 것은 왕권의 약화와 정국 불안 및 민심 이반을 반영한다. 전지왕은 재위 15년 동안 해씨세력의 그늘을 벗어나지 못하였고, 후반기에 이르러 왕비의 핍박마저 받다가 30대 중반의 젊은 나이로 사망하였다.

백제의 역대 국왕 중에서 어려운 난관을 헤치고 즉위하여 절치부심切齒腐心 끝에 빛나는 치적을 이룬 인물들과 비교하여 전지왕은 초라한 행적만을 남기고 세상을 떠났다.

2. 구이신왕의 집권과 목만치의 전횡

전지왕이 30대 중반 무렵의 나이에 사망하자 태자 구이신이 15세의 어린 나이로 즉위하여 7년 동안 왕위에 있었다. 전지왕이 사망한 후 어린 태자가 어려움을 겪지 않고 무사히 즉위한 것은 해수解須를 비롯한 외척의 도움과 모후의 적극적인 노력에 의해 가능하였다.

구이신왕의 즉위 과정에서 가장 큰 라이벌은 숙부가 되는 상좌평 여신餘信이었다. 여신은 오랫동안 상좌평에 있으면서 국정을 이끌어 경륜과 식견을 갖추었다. 또한 여신은 전지왕의 집권기 동안 해씨세력과 대립하지 않고 협력관계를 유지하여 우의가 돈독하였다. 그럼에도 불구하고 여신은 왕위를 탐내지 않고 해수를 비롯한 해씨세력을 도와 구이신왕의 즉위에 적극 협력하였다.

여신은 외척 해씨세력이 팔수왕비를 도와 태자 구이신왕을 추대하는 데 적극 협력하였기 때문에 자신이 왕위에 오르기 어렵다는 것을 잘 알았다. 여신은 구이신왕의 즉위에 적극 협력한 대가로 상좌평을 유지하는 것에 만족하였다.

구이신왕의 즉위 후 정국운영은 어린 왕을 대신하여 해수解須 등의 해씨세력과 여신 등의 근친 왕족이 주도하는 귀족중심의 체제가 유지되었다. 전지왕의 사망과 구이신왕의 즉위에도 불구하고 근친 왕족과 해씨세력이 주도하는 집권체제가 그대로 유지되었다. 구이신왕의 모후 팔수왕후도 어린 국왕을 보좌하면서 영향력을 행사하였다.

구이신왕의 집권 후 해씨세력의 권력과 위세는 갈수록 높아져 국정은 그들의 수중에 놓여 있었다. 여신을 비롯한 왕족과 팔수왕후의 영향력은 한정되어 해씨세력의 기세를 꺾을 수 없었다. 해씨가 주도하는 귀족중심의 정국운영이 지속되어 왕권이 크게 위축되었지만, 대외관계가 안정되고 전쟁이 없는 평화로운 시기가 지속되었다. 전지왕이 닦아 놓은 남조 및 왜국과의 우호관계는 구이신왕의 치세에도 지속되었다.

그러나 해씨세력의 권력이 커지면 커질수록 왕족과 일반 귀족세력의 불만은 팽배해져 갔다. 그리하여 정국운영의 주도권을 둘러싸고 왕권을 강화하려는 팔수왕후와 해씨세력 사이에 갈등이 폭발하였다. 팔수왕후는 어린 국왕을 능멸하고 국정을 좌지우지 하는 자신의 친정 가문 해씨집단에 맞서 나갔다.

팔수왕후는 어린 국왕을 대신하여 왕권을 강화하고 왕실의 권위를 높이기 위하여 상좌평 여신과 병관좌평 해수가 주도하는 귀족회의체의 권위와 결정에 맞섰다. 팔수왕후는 신흥 귀족세력 목만치木滿致의 도움을 받아 어려움을 극복하고 정국의 주도권을 장악하는 데 성공하였다.

정국의 반전은 전지왕의 즉위 이래 계속된 해씨세력과 여신의 정국 주도에 반발하여 상당수의 귀족세력들이 호응하였기 때문에 가능하였다. 목만치는 구이신왕과 팔수왕후의 신임을 받아 해수와 여신을 밀어내고 정국을 독단적으로 운영할 만큼 권력을 마음대로 행사하였다.

목만치는 마한 목지국 출신으로 그 가문이 지방에서 올라

온 지 얼마 되지 않은 신흥 귀족세력이었다. 그는 목라근자木羅 斤資가 근초고왕 때에 가야를 정벌하는 과정에서 신라의 여자를 취해 낳은 인물이었다. 목씨는 가야지역을 경영하여 백제의 중앙 정계에서 상당한 영향력을 갖게 되었다.[19] 목만치로 상징되는 새로운 귀족세력의 진입은 지배구조 내부의 서열과 세력균형에 변화를 초래하였다.

목만치가 국정운영의 핵심부에 진입한 것은 그의 탁월한 능력 외에도 구이신왕의 모후가 영향력을 행사하였기 때문에 가능하였다. 목만치는 팔수왕후의 도움을 받아 『일본서기』에 의하면, "백제의 직지왕이 죽었다. 곧 아들 구이신이 왕위에 올랐다. 왕은 나이가 어렸으므로 목만치木滿致가 국정을 잡았는데, 왕의 어머니와 서로 정을 통하여 무례한 행동이 많았다"[20] 라고 하였듯이 권세가 세상을 뒤덮고 국정운영을 마음대로 하였다.

목만치는 권력 장악에 그치지 않고 팔수왕후와 간통하고 무례한 행동을 일삼는 등 백제의 정치를 마음대로 주무르게 되었다. 목만치의 국정 운영이 파행을 거듭하고 팔수왕후와의 사이에 좋지 않은 소문이 나돌면서 해씨세력과 상좌평 여신을 비롯한 근친 왕족의 반격을 받았다.

....

19) 金秉南, 2001, 「백제 영토변천사 연구」, 전북대 박사학위논문, 77쪽.
20) 『日本書紀』권10, 應神紀 25年.

해씨세력은 권력을 다시 장악한 후 목만치의 축출에 그치지 않고, 팔수왕후와 구이신왕마저 권좌에서 내몰고 죽음에 이르게 하였다. 구이신왕은 23세의 어린 나이에 목만치의 등장으로 촉발된 신구 귀족세력의 권력투쟁과 갈등 속에서 희생되었다.

3. 집권층의 알력과 비유왕의 죽음

구이신왕이 팔수왕후와 신구 귀족세력 사이에서 발생한 권력투쟁의 와중에 427년 겨울에 사망하자 비유왕이 왕위에 올랐다. 비유왕은 구이신왕의 맏아들이라는 견해와 전지왕의 서자라는 견해가 양립한다.[21] 그러나 구이신왕은 23세에 사망하였기 때문에 왕위를 계승할 만한 나이에 있는 후사를 남기지 못하였다. 따라서 비유왕은 구이신왕의 이복 형제로 전지왕의 서자였을 가능성이 높다.

비유왕은 구이신왕이 뜻하지 않은 정변으로 희생되자 즉위하였다. 내법좌평 해수와 상좌평 여신은 구이신왕을 제거하고 비유왕을 옹립하는 데 결정적인 역할을 하였다. 비유왕은 상좌평 여신 등의 왕족과 해수를 비롯한 해씨세력의 도움을 받아 정변을 일으켜 이복형제 구이신왕을 폐위하고 왕위에 올랐다.

....
21) 비유왕은 구이신왕의 長子라는 견해와 전지왕 서자라는 견해가 양립하고 있다(『三國史記』권25, 百濟本紀3, 毗有王 卽位年). 그러나 비유왕은 전지왕의 서자로 보는 것이 타당한 것으로 생각된다(李道學, 1984, 「한성말 웅진시대 百濟王系의 검토」, 『한국사연구』45, 6~7쪽/鄭載潤, 1999, 「웅진시대 백제정치사의 전개와 그 특성」, 서강대 대학원 박사학위논문, 18쪽). 왜냐하면 구이신왕은 어린 나이에 즉위하여 집권 8년 만에 단명하였기 때문에 왕위를 계승할 만한 후사를 남기지 못했을 가능성이 높기 때문이다.

여신과 해수는 전지왕 이래 권력의 핵심부에 있었던 인물들인데, 목만치가 정국을 주도하면서 소외되었다. 이들은 정변을 일으켜 목만치를 제거한 후 구이신왕을 축출하고 비유왕을 추대하였다. 이들은 전지왕의 즉위 이래 20여 년 이상 동안 손을 맞잡고 권력의 핵심을 장악하였으며, 자신들에 의하여 옹립된 구이신왕이 목만치를 등용하여 독자적인 세력을 구축하자 정변을 일으켰다.

해씨집단은 구이신왕의 폐위와 비유왕의 옹립을 통해 권력의 핵심을 다시 장악하고 국정운영을 주도하였다. 이로써 전지왕 이래 정국을 주도하였던 해씨세력의 위치가 다시 확고해졌다. 비유왕은 즉위한 후 4부를 순행하여 백성들을 위무하고 가난한 사람들에게 차등 있게 곡식을 나누어 주는 등 민심을 얻으려고 노력하였다.

비유왕은 용모가 훌륭하고 말을 잘하여 사람들이 따르고 존중을 받았다. 그러나 비유왕은 어린 나이에 권신들에 의해 추대를 받고 즉위하였기 때문에 정국운영은 뜻대로 하지 못하고 해씨세력의 많은 정치적 간섭을 받았다.

해수는 비유왕 2년(428)에 여신이 사망하자 상좌평에 오르게 되었다.[22] 해수는 오랫동안 내법좌평으로 있으면서 국정 운영 경험이 풍부하였기 때문에 다른 사람들의 눈치를 보지 않

---

22) 『三國史記』권25, 百濟本紀3, 毗有王 4年.

고 상좌평에 오를 수 있었다.

해수가 상좌평이 되면서 모든 권력이 그에게 집중되고 왕권은 위축된 상태에서 벗어나지 못하였다. 왕권의 위축과 귀족세력의 발호를 반영하듯이 백제본기에는 연이어 발생한 천재지변의 기사가 실려 있다. 해수가 상좌평에 임명되어 국정을 농단할 무렵 백제는 지진이 발생하고, 큰 바람이 불어 기와가 날아가는 등 날씨마저 고르지 못하였다. 또한 겨울에는 물이 얼지 않는 등 비유왕의 즉위 후에 불길한 조짐이 계속 일어났다.[23]

그 와중에서 백제는 고구려의 장수왕이 427년에 평양으로 천도하자 큰 위기를 느끼게 되었다. 고구려는 평양으로 천도하면서 영역확장 정책의 주된 방향을 남쪽으로 전환하였다. 비유왕은 즉위 후 귀족세력의 발호로 말미암은 왕권의 위축과 고구려의 남하정책에 밀려 국세가 위축된 내우외환의 시련에 직면하였다.

백제의 집권층은 고구려의 평양천도에 위기감을 느끼고 즉각적인 무력항쟁보다는 외교적 노력을 기울였다. 비유왕은 즉위 3년째가 되는 429년에 중국 남조의 송나라에 사신을 파견하였고, 다음 해에는 선왕이 받았던 진동장군 백제왕鎭東將軍百濟王의 작호를 받았다. 비유왕은 430년과 440년에도 송나라에

....

23) 『三國史記』권25, 百濟本紀3, 毗有王 3年.

사절을 파견하는 등 양국의 우호관계를 유지하기 위해 노력하였다.

비유왕은 중국 남조뿐만 아니라 왜국과의 전통적인 우호관계도 돈독히 하였다. 비유왕은 428년에 누이동생 신제도원新齊都媛을 7명의 여자와 함께 왜국으로 보냈다. 비유왕은 장수왕의 평양천도 소식을 접하고 신제도원을 왜국으로 보내 왕실 사이의 혼인을 맺어 양국관계를 강화하였다.[24]

비유왕은 남조 및 왜국과의 관계를 돈독히 하면서 소원한 상태에 있던 신라와도 동맹을 맺고자 하였다. 비유왕은 433년에 사신을 신라에 보내 화친을 청하였다. 신라의 눌지왕이 이를 받아들여 제라동맹이 체결되었다. 백제는 그 이듬해에도 좋은 말 2필과 흰 기러기를 보냈으며, 신라도 황금과 야명주로 답례하는 등 양국은 동맹체제로 전환하였다.[25]

제라양국이 동맹을 맺게 된 것은 장수왕의 남하정책 때문

---

24) 그러나 『日本書紀』應神紀에는 비유왕이 아니라 直支王(腆支王)이 왕녀를 왜국에 보낸 것으로 되어 있다(『日本書紀』권10, 應神紀 39年 春二月). 전지왕은 『三國史記』백제본기 전지왕 16년 조와 『日本書紀』應神紀 25년 조에 의하면 420년에 사망하였음을 알 수 있다. 따라서 新齊都媛을 왜국으로 보낸 사람은 전지왕이 아니라 비유왕이었다. 비유왕은 장수왕의 평양천도 소식을 접하고 新齊都媛을 왜국으로 보내 왕실 간의 혼인을 맺어 양국관계를 강화하려고 하였다.
25) 『三國史記』권25, 百濟本紀3, 毗有王 8年.

이었다. 고구려의 남하 위협에서 벗어나려는 백제와 고구려의 간섭을 피하려는 신라의 입장이 맞물려 적대관계였던 양국을 결속시키는 계기가 되었다. 백제는 송나라와 왜국, 가야와의 외교관계를 더욱 적극화하면서 신라와 동맹관계를 형성하여 고구려를 견제하였다.

장수왕은 평양으로 천도하여 백제와 신라에 대해 압박을 가하였지만, 북위北魏와 긴장관계가 고조되어 적극적인 남진정책을 추구하기 어려웠다. 백제 역시 고구려의 압박을 제라동맹을 필두로 하여 국제외교를 강화하여 벗어나려고 하였다.

백제의 정국운영을 주도한 해씨세력은 고구려와의 전쟁을 피하고 내정에 주력하는 방향을 선택하였다. 해씨세력은 모든 것을 파국으로 몰아갈 수 있는 전쟁을 피하고 외교적인 방식을 통해 고구려를 견제하면서 기득권을 유지하였다.

근초고왕 이래 아신왕대까지 국왕과 진씨세력을 비롯한 국정운영의 핵심 인물들이 고구려와의 전면적인 무력대결을 선호한 것에 비하여, 전지왕 이후에 국정을 장악한 해씨세력은 무리한 전쟁을 자제하고 내치에 주력하는 방향을 택하였다.[26]

----

26) 백제는 근초고왕대부터 아신왕대까지 고구려와 치열한 격전을 치렀다. 양국 사이에 벌어진 전쟁이나 군대 징발에 대한 현황을 『三國史記』百濟本紀를 통해 살펴보면 근초고왕대 5회, 근구수왕대 3회, 진사왕대 6회, 아신왕대 5회에 이르렀다. 그러나 전지왕 이후 구이신왕과 비유왕대에는 단 한번의 교전도 이루어지 않았다. 다

해씨세력의 전쟁 회피 노력에도 불구하고 백제와 고구려는 점차 무력대결 국면으로 접어들었다. 장수왕이 남진공격을 펼친 것은 북연北燕이 멸망하고 풍발馮跋이 고구려로 망명한 436년 이후였다. 개로왕이 북위에 보낸 표문에 의하면 비유왕 후반기에 해당되는 440년대부터 양국의 대립이 치열해진 사실을 엿볼 수 있다.[27]

제라 양국과 고구려가 본격적인 무력 대결로 치달은 것은 450년대에 이루어졌다. 신라의 하슬라 성주가 450년에 실직悉直(삼척)에서 사냥하던 고구려의 변방 장수를 살해한 사건이 계기가 되었다.[28] 신라와 고구려는 전쟁 상태로 돌입하였으며, 고구려는 변방 장수의 살해를 보복하기 위하여 군사를 일으켰다.

신라가 사신을 보내 사죄하여 전쟁이 곧바로 일어나지 않았지만, 장수왕은 454년에 이르러 신라의 북쪽 변경을 다시 공격하였다.[29] 고구려는 신라를 공격한 다음해에 방향을 바꾸어 백제를 침입하였다. 고구려가 백제를 공격하자 신라의 눌지왕은 군사를 보내 구원하였다.[30]

·········
만 『魏書』百濟 條를 통해 볼 때 436년 이후 양국의 대립이 다시 격화되기 시작했음을 알 수 있다.
27) 『三國史記』권25, 百濟本紀3, 蓋鹵王 18年.
28) 『三國史記』권3, 新羅本紀3, 訥祇王 34年.
29) 『三國史記』권18, 高句麗本紀3, 長壽王 42年.

고구려가 신라를 공격할 때 백제의 비유왕이 군사를 파견하여 구원하였을 가능성이 높다. 제라 양국은 동맹을 맺고 고구려의 남진정책에 맞서고 있었기 때문에 상대국이 침입을 받으면 군사를 파견하여 공동으로 대처하였다.

백제와 고구려는 반세기에 걸친 휴전 상태가 끝나고 다시 치열한 전란의 시대로 접어들게 되었다. 백제는 전쟁이 일어날 무렵 여러 가지 좋지 않은 일이 연이어 발생하였다. 비유왕 21년(447) 여름에는 대궐의 남쪽 연못에서 불길이 일어났는데, 불꽃이 수레바퀴 같았고 밤새도록 그치지 않았다. 또한 같은 해 가월에는 가뭄이 들어 곡식이 익지 않아 백성들이 굶주려 신라로 도망간 사람들이 많았다.[31]

비유왕 28년(454)에는 별이 비처럼 떨어지고 불길한 징조를 암시하는 혜성이 서북쪽에 나타났는데 길이가 두 발 정도가 되었다. 같은 해 가을에는 메뚜기 떼가 발생하여 곡식에 해를 입혀 흉년이 들기도 하였다. 또한 비유왕 29년(455) 가을에는 흑룡黑龍이 한강에 나타났는데, 잠시 구름과 안개가 끼어 어두워지자 날아가는 불길한 일이 일어났다.[32]

비유왕은 양국 사이의 전쟁이 가열되는 와중에 재위 29년을 끝으로 하여 455년 9월에 사망하였다. 비유왕은 구이신왕

---

30) 『三國史記』권3, 新羅本紀3, 訥祇王 39年.
31) 『三國史記』권25, 百濟本紀3, 毗有王 21年.
32) 『三國史記』권25, 百濟本紀3, 毗有王 29年.

이 23세에 사망하였음을 고려하면 20세 정도에 즉위하여 50세 전후에 사망하였기 때문에 천수를 누렸을 가능성이 높다.

그럼에도 불구하고 비유왕은 자연스런 죽음이 아니라 모종의 정변에 연루되어 희생된 것으로 추정되는 몇 가지 징후가 엿보인다. 먼저 비유왕이 사망하기 직전에 흑룡이 출현한 것은 정변의 발생을 추측케 해 준다. 고대사회에서 흑룡의 출현은 국가의 불길한 징조를 나타내며 뒤이어 비유왕이 사망한 것은 정상적인 죽음이 아니라는 점을 의미한다.[33]

또한 개로왕이 즉위한 후 20여 년이 지난 후에 노지露地에 임시로 매장되어 있는 부왕의 뼈를 장사한 것[34]도 비유왕이 정변에 희생되었음을 반증한다. 그 외에 백제본기에 개로왕의 즉위 후부터 14년까지에 걸쳐 공백으로 남아 있는 점도 그의 집권 과정에 정변이 일어난 것과 관련이 있다.[35] 개로왕의 집권 초기 기록이 공백으로 남아 있는 것은 왕위계승 문제로 지배세력 간의 내분이 일어났기 때문이다.

비유왕 말년에 정변이 일어난 까닭은 기록이 남아 있지 않아 정확한 사정을 알 수 없다. 고구려와의 소강상태가 끝나고

---

33) 李道學, 1985, 「한성말 웅진시대 백제왕위계승과 왕권의 성격」, 『한국사연구』50·51합, 3~4쪽/盧重國, 1988, 앞의 책, 140~141쪽.
34) 『三國史記』권25, 百濟本紀3, 蓋鹵王 21年.
35) 梁起錫, 1990, 앞의 글, 119~123쪽.

전쟁이 재개되어 백제가 밀리게 되면서 비유왕이 패전의 책임을 지고 희생양이 되었을 가능성이 높다.[36]

비유왕은 신라와 공수동맹을 맺고 장수왕의 남하정책에 맞섰지만 수세에 처하여 전세를 만회하기 힘들었다. 백제의 집권층은 전쟁 패배에 대한 책임을 국왕에게 물어 정변을 일으켜 비유왕을 제거하고 국면 전환을 꾀했을 가능성이 높다.

정변을 주도한 집단은 전지왕대 이래 백제의 정국을 주도한 해씨세력으로 추정된다. 비유왕 말기에 이르러 국왕과 해씨세력 사이에 갈등관계가 조성된 것은 무엇보다 고구려와의 전쟁에 대한 입장 차이로 생각된다.

비유왕은 고구려의 남하정책에 맞서 강력한 반격을 펼치자는 입장이었고, 해씨세력은 무력 대결보다는 타협을 통해 현실에 안주하려는 속성이 강하였다. 비유왕은 삼국이 전란의 소용돌이에 휩싸이자 실추된 왕권을 회복하고 고구려의 남진을 저지하기 위하여 전쟁을 선택하였다.

비유왕의 강경책은 해씨세력을 비롯한 현실에 안주하려는 일파의 불만을 초래하였다. 해씨세력은 비유왕이 고구려와의 전쟁에 밀리자 정변을 일으켜 국면전환을 시도하였던 것으로 추정된다. 비유왕을 죽음으로 몰고 간 정변은 패전 책임 외에도 차기 왕위계승과 관련이 있었다.[37]

....
36) 文安植, 2006, 앞의 책, 219~222쪽.

해씨세력은 비유왕을 제거하고 자파에게 유리한 인물을 추대하려고 하였다. 해씨세력은 자파에 우호적인 인물이었던 상좌평 여신의 자손이나 그 밖의 왕족을 선택하여 새로운 왕으로 세우고자 하였다. 그리하여 비유왕은 해씨세력 일파가 일으킨 정변에 희생되어 사망에 이르렀다.

백제는 전지왕의 사후에 적자 구이신왕과 서자 비유왕이 차례로 왕위에 올랐지만 모두 정변에 희생되는 불운을 겪었다. 고구려는 백제에서 정변이 일어나 비유왕이 살해되고 정국이 요동치자 곧바로 군사를 파견하여 공격에 나섰다.[38]

비유왕을 계승하여 왕위에 오른 개로왕은 신라의 도움을 받아 고구려의 공격을 물리칠 수 있었다. 이는 비유왕 후반기부터 백제와 고구려가 대립상태에 있었다는 개로왕의 표문 내용이 사실에 기반하고 있음을 입증해 준다.

----

37) 鄭載潤, 1999, 앞의 글, 19쪽.
38) 이에 대해서 백제측의 사료에는 보이지 않고, 『三國史記』권3, 新羅本紀3, 訥祗王 39년 조에 전한다. 신라의 눌지왕은 455년 10월에 고구려가 백제를 침범하자 군사를 보내 백제를 구원하였다. 비유왕이 9월에 사망한 것을 고려하면 고구려가 그 다음 달에 백제를 공격하였음을 알 수 있다.

4. 개로왕의 전제왕권 지향과 파탄

　비유왕이 455년에 정변에 희생되어 사망하자 개로왕이 왕위에 오르게 되었다. 비유왕이 정변에 희생되었음에도 불구하고 맏아들 개로가 왕위에 오른 것은 해씨세력이 주도한 거사가 실패로 끝났음을 의미한다.
　비유왕의 집권기에 실권을 장악하였던 해씨세력 등이 일으킨 정변은 왕족을 비롯한 일반 귀족세력의 지지를 받지 못했다. 정변이 실패한 이유는 무엇보다도 뚜렷한 대의명분이 없었기 때문이었다. 또한 해씨세력은 전지왕의 즉위 이래 50년에 걸쳐 오랫동안 국정을 주도하여 민심의 지지를 잃고 많은 정적이 생겨났다.
　해씨세력이 정변을 일으킨 것은 정국운영의 중추에서 배제되는 조짐이 보였기 때문이었다. 비유왕은 소극적인 대외정책으로 일관하면서 정권유지에 급급한 해씨세력에 맞서 왕족과 귀족세력의 도움을 받아 강경한 대외노선으로 전환을 시도하였다.
　비유왕이 고구려의 압박에 맞서 수세를 벗어나 전쟁을 택하자 그 동안 해씨세력에 억눌려 있던 신료들은 강경 노선에 동조하였다. 비유왕이 강경책으로 전환하면서 정국 반전의 주도권을 장악하자 많은 신료들이 동조하였다.
　해씨세력은 요동치는 민심의 변화 속에서 위기감을 느끼게 되어 정변을 일으키게 되었다. 해씨세력이 주도한 정변은 지지를 받지 못했기 때문에 비유왕의 사망에도 불구하고 실패로 끝나고 말았다. 정변이 실패한 이유는 비유왕의 맏아들 개로가 여기餘紀와 곤지昆支를 비롯한 근친 왕족들과 함께 신속하게 대처하였고, 일반 귀족세력들도 해씨세력에 등을 돌렸기 때문이다.

개로는 부왕이 정변에 희생되자 왕족 및 귀족세력과 연대하여 반란세력을 신속하게 제압하였다. 개로는 재위시의 업적39)으로 볼 때 호걸스런 기풍이 넘치고 도량이 뛰어나며 카리스마를 지닌 인물이었다.

개로왕은 정변의 참화 속에서 왕족 및 귀족세력의 적극적인 도움을 받아 왕위에 오를 수 있었다. 뛰어난 군왕의 자질을 갖춘 개로왕의 즉위에도 불구하고 백제는 온갖 어려움에 직면하여 난제가 산적하였다. 왕권은 위축되고 왕실의 권위는 무너졌으며, 민생은 피폐되고, 지방은 토착세력의 지배 하에 놓였다.

또한 고구려의 압박에 밀려 수세에 급한 나머지 국가의 위신은 크게 손상되었다. 백제는 왕권이 약화되어 국정운영의 방향과 중심을 잡을 수 없었고 귀족세력이 발호하여 현안 문제에 대한 합리적인 조정기능이 무너져 있었다.

개로왕은 즉위 후 선대의 전지왕과 구이신왕 및 비유왕과

---

39) 개로왕의 치적에 대해서는 다음의 글을 참조하기 바란다(文安植, 2005, 「개로왕의 왕권강화와 국정운영의 변화에 대하여」, 『史學硏究』 78).

같은 무력한 군왕이 되지 않기 위하여 일대 혁신의 길을 선택하였다. 개로왕은 정변을 일으킨 해씨세력을 자신이 직접 제압하고 즉위하였기 때문에 정국을 주도할 여건이 마련되었다.

개로왕은 즉위 과정에서 부왕을 죽음으로 몰고 간 귀족세력의 발호에 의한 왕권 위축과 병폐를 실감하였다. 또한 고구려의 계속되는 침입을 극복하지 못하고서는 왕권의 안정과 국난 극복이 불가능한 상황임을 직시하였다. 개로왕은 귀족세력의 발호를 차단하여 왕권을 강화하고 고구려의 남진정책을 좌절시켜 백제가 당면한 현안을 해결해야 하였다.

개로왕은 정국운영의 주도권을 장악하고 왕권의 위상을 확보하기 위한 방식으로 전제왕권을 지향하여 국정운영의 전면적인 변화를 모색하였다. 개로왕은 왕권을 강화시켜 국정안정을 기하고 지배세력을 재편하여 정변 발생의 가능성을 차단하고자 하였다.

개로왕은 먼저 고구려의 압력을 외교적인 수단을 통해 해소하려고 하였다. 개로왕은 전통적으로 우호관계에 있던 중국의 남조 및 왜국과의 대외관계를 돈독히 하였다. 또한 개로왕은 부왕인 비유왕 때에 맺은 제라동맹을 강화하면서 우호관계를 유지하였다.

고구려의 장수왕도 백제가 도발을 감행하지 않자 남진경략을 자제하였다. 장수왕이 백제를 공격하지 않은 다른 배경은 북위北魏와의 대립 때문이었다. 장수왕은 평양으로 천도하여 백제와 신라에 대해 압박을 가하였지만, 북위와 긴장관계가 고조된 시기에는 적극적인 남진정책을 추구하기 어려웠다.

개로왕은 고구려의 대외적 긴장을 활용하여 내정정비에 주력하였고, 신라는 자비마립 간의 즉위 후 더욱 기승을 부린 왜인의 침입에 시달렸다. 이로 말미암아 삼국 사이에 전란이 사라지고 개로왕은 내정에 주력하였다.

개로왕은 고구려와의 섣부른 대결을 피하고 왕권강화와 지배세력의 재편작업에 먼저 착수하였다. 개로왕은 기존의 관등제를 근간으로 활용하면서 북방 유목민족과 중국의 좌·우현왕제左右賢王制 및 왕王·후제侯制를 수용하였다.[40] 개로왕은 송宋을 비롯한 중국을 의식하여 황제와 천자 같은 표현을 사용하지 않으면서도 백제의 '대왕大王'으로 자처하여 그와 동일한 위상을 확보하였다.

개로왕이 집권 4년째인 458년에 송나라에 보낸 상표문에는 왕족과 중신 11명의 관작제수를 요청한 기록이 남아 있다.[41] 개로왕이 송나라에 관작제수를 요청한 대상은 여기餘紀와 여곤餘昆을 위시한 8명이 왕족이었고, 그동안 백제의 정국을 주도하였던 해씨나 진씨는 한 사람도 없었다.

개로왕의 집권 초에 해씨세력이나 진씨세력이 중앙정계에 보이지 않고, 용양장군 목금龍驤將軍 沐衿이 관작을 받은 사실은

---

40) 坂元義種, 1968, 「5世紀の百濟大王とその王·侯」, 『朝鮮史研究會論文集』4.
41) 『宋書』권97, 列傳57, 夷蠻 東夷, 百濟.

지배체제가 재편되었음을 의미한다. 개로왕은 여도餘都와 여예餘乂를 보국장군輔國將軍에 제수하는 등 왕족 중심의 지배체제를 굳건히 하였다.

개로왕은 왕족인 여례餘禮를 부마도위로 삼아 해씨세력이 일삼았던 왕비족의 전횡을 방지하려고 하였다. 그 외에 개로왕이 목금 등의 타성 귀족에 대해 관작제수를 요청한 것은 해씨세력이 주도하여 일으킨 정변에 협조하지 않았거나, 개로왕을 도와 반란을 진압하는 데 적극적인 도움을 주었기 때문이었다.

개로왕은 천명적인 질서에 가탁하여 스스로 '대왕'이라 자처하고 신료들을 왕王·후侯·태수太守로 분봉하여 백제류 천하질서를 갖추면서 왕권의 전제화를 도모하였다.[42] 개로왕은 백제의 대왕을 자임하여 천명의 주재자로서 자리매김을 하고, 왕족 및 귀족세력은 보조자의 역할에 그친다는 사실을 명백히 하였다.

개로왕은 왕족과 귀족세력의 권한과 신분관계를 송나라의 추인을 통하여 국제적으로 인정받아 왕권의 위엄과 위상을 높였다. 개로왕의 집권 초에 지배체제가 재편되어 왕권이 강화되고 국정이 점차 안정되었지만 전제왕권의 토대가 마련된 것

---

42) 坂元義種, 1968, 앞의 글/李基東, 1974, 「中國史書에 보이는 百濟王牟都에 대하여」, 『歷史學報』62/梁起錫, 1984, 「五世紀 百濟의 王·侯·太守制에 대하여」, 『사학연구』38.

나주 반남면 신촌리고분 출토 금동관
신촌리9호분 을관에서 출토되었으며, 백제의 중앙정부가 지방의 토착세력에게 내려준 위세품으로 왕·후제 실시와 관련 있는 출토품으로 추정된다.(국립중앙박물관. 중박 200801-003)

은 아니었다.

 개로왕은 군사권을 장악한 좌현왕左賢王 여기餘紀와 우현왕右賢王 여곤餘昆의 존재에 부담을 갖고 있었다. 개로왕이 여기와 여곤을 책봉한 우현왕과 좌현왕은 흉노나 돌궐 등 북방 유목민족의 관작이었다. 유목민족 국가에서는 왕의 후계자로 군사부분의 실권을 장악한 사람에게 우현왕이나 좌현왕을 제수하였다.[43]

 이들 중에서 개로왕의 전제왕권 추구에 가장 장애가 된 인물은 우현왕 여곤이었다. 여곤은 다름 아닌 개로왕의 셋째 동

....

43) 坂元義種, 1968, 앞의 글, 56쪽.

생 곤지昆支였다. 개로왕이 458년에 송나라에 작호를 요청한 인물 중에서 보국장군輔國將軍 여도餘都는 훗날의 문주왕이 된 둘째 동생이며, 정로장군征虜將軍 여곤餘昆은 셋째 동생 곤지로 밝혀졌다.[44)]

개로왕은 둘째 동생 문주보다 셋째 동생 곤지를 상위에 관직에 임명하였는데, 자신의 즉위에 곤지가 큰 역할을 하였기 때문으로 보고 있다. 개로왕의 입장에서 곤지는 비록 친동생이지만 대단히 위협적인 존재이며 방심할 수 없는 인물이었다.

또한 우현왕 여기도 곤지와 마찬가지로 개로왕의 전제왕권 추구에 장애가 되었다. 여기가 관군장관 우현왕冠軍將軍 右賢王에 제수된 것은 개로왕의 즉위 과정에서 공적을 세운 것 외에 왕족 중에서 항렬이 높고 나이가 많아 왕실을 대표할 수 있는 사람이었기 때문이다. 개로왕은 자신의 즉위에 일정한 역할을 하였고, 군사적 실권을 보유하고 있던 곤지와 여기의 존재에 부담감을 가졌다.

개로왕은 곤지를 직접 제거하기에는 정치적 부담이 따랐기 때문에 461년(동왕 7)에 왜국으로 파견하였다. 개로왕은 곤지로 하여금 가족들을 거느리고 왜국으로 건너가 오랫동안 체류하면서 백제 계통의 이주민들을 조직화하여 왜국 정권에 협력

----
44) 李基東, 1974, 앞의 글.

하고, 이들의 힘을 이용하여 백제를 유사시에 구원할 수 있는 청병사請兵使 역할을 부여하였다.[45]

곤지가 왜국으로 떠나면서 왕권에 도전할 수 있는 위협적인 인물은 여기만 남게 되었는데, 그 역시 권력의 핵심에서 밀려났거나 자연스럽게 사망에 이르렀다. 개로왕이 곤지를 왜국으로 보낸 후 정계를 재편하였다. 권력의 핵심부로 진입한 사람은 둘째 동생 보국장군 여도餘都이었다. 그는 성품이 부드럽고 결단력이 없는 인물이었으나 개로왕을 보필하여 상좌평에 올랐다.[46]

개로왕은 재위 7년 만에 군사 분야를 비롯하여 국정 전반에 걸쳐 모든 권한을 수중에 장악하여 전제왕권을 추구할 수 있는 토대를 마련하였다.[47] 개로왕이 파행적인 정치운영을 탈피하기 위하여 정력적인 노력을 기울였으나, 중앙 및 지방의 통

---

45) 곤지가 왜국에 건너간 것은 유사시에 대비하려는 請兵使 역할로 보기도 하지만(梁起錫, 1981, 앞의 글, 55~56쪽), 지배세력 간의 대립에서 기인한 정략적인 추방으로 이해하는 견해도 있다(延敏洙, 1998, 앞의 책, 411~417쪽). 그 외에 가족을 데리고 건너가 오랫동안 체류한 사실 때문에 백제 계통의 이주민들을 조직화하여 왜 정권에 협력하고, 이들의 힘을 이용하여 백제를 구원하려는 임무를 수행한 것으로 보기도 한다(鄭載潤, 1999, 앞의 글, 29~30쪽).
46) 『三國史記』권26, 百濟本紀4, 文周王 卽位年.
47) 文安植, 2005, 「개로왕의 왕권강화와 국정운영의 변화에 대하여」, 『史學研究』78.

치조직을 비롯하여 국가체제 전반을 새롭게 정비하는 단계까지 이르지는 못하였다.

개로왕의 전제왕권 지향은 처음부터 근본적인 한계를 내포하였으며, 백제의 전반적인 개혁은 사비 천도 후 성왕 때에 이르러 가능하였다. 개로왕은 왕권강화와 정국안정을 확고하게 다진 후 중앙집권력이 약화되어 동요하고 있던 지방통치에 관심을 기울였다.

백제의 지방통치는 한성시대 후기에 이르러 국력이 쇠퇴하고 중앙집권력이 약화되면서 한계에 봉착하였다. 백제는 고구려와의 전쟁에 필요한 인적·물적 자원을 주로 지방에서 조달하였는데, 이는 소농민의 수탈로 이어져 민생파탄에 직면하였다.

백제의 긴박한 대내외적인 상황도 기존의 지방통치방식인 담로제를 보완할 수 있는 새로운 제도의 성립을 필요로 하였다. 개로왕은 왕·후제를 실시하여 중앙정부의 지방통치를 강화하고 토착세력의 발호를 차단하였다.

개로왕은 왕·후제를 통해 지방통치를 강화하여 종래 자의적이고 가혹했던 수탈을 차단하고, 법으로 정해진 액수와 기간만큼 조세와 요역을 부과하도록 강제하였다. 개로왕은 왕·후로 하여금 담로의 책임자나 그의 휘하에 있는 토착세력의 자의적인 소농민에 대한 수탈을 억제하고 조세수취 등에 있어서 일정한 기준을 따르도록 하여 민생을 안정시켰다.

개로왕은 백성들에게 휴식을 주고자 전쟁을 일으키지 않았다. 그 외에도 개로왕은 성곽축조, 궁실과 고분의 조영, 도로 보수 등을 자제하여 백성의 역역 부담을 줄였다.[48] 백제는 전란이 사라지고 역역 징발이 줄어들어 백성들은 고통에서 벗어나 여유를 되찾았다.

개로왕은 귀족세력의 발호를 차단하고 왕권의 신장을 이루어 정치적 안정을 이루었고, 민생안정을 토대로 하여 침체상태에서 벗어나 국력을 회복하였다. 백제의 백성들은 개로왕이 추진한 국정운영의 쇄신과 전제왕권 추구를 적극 지지하게 되었다.

개로왕은 국정이 안정되고 국력이 충실해지자 고구려와의 전쟁을 본격적으로 준비하기 시작하였다. 개로왕은 섣부른 전면전을 택하지 않고 국제정세의 변화를 주시하면서 신라와의 연합작전을 준비하였다. 삼국 사이에 전운이 감돌면서 선제공격에 나선 고구려의 장수왕이었다.

장수왕이 468년에 말갈 병력 1만을 동원하여 신라의 북쪽 변경에 위치한 실직성을 공격[49]하면서 삼국은 전란의 소용돌이에 빠져들었다. 개로왕은 고구려가 신라를 공격한 다음 해에 즉각 제라동맹의 굳건함을 반영하듯이 고구려를 공격하였다.[50]

………

48) 개로왕 집권 전반기의 對民施策은 후반기에 추진된 王宮과 樓閣 및 射臺의 조영, 선왕의 능묘 조성, 제방 축조 등 대규모 토목공사 시행과 비교해 보면 그 차이가 명확히 드러난다.
49) 『三國史記』권3, 新羅本紀3, 訥祇麻立干 34年.

개로왕은 고구려가 동맹국 신라를 공격한 것을 계기로 하여 그동안의 수세에서 벗어나 공세로 전환하였다. 백제군은 신속하게 임진강을 건너 고구려군을 북으로 밀어내고 경기도와 황해도의 경계가 되는 마식령산맥까지 밀고 올라갔다.

백제와 고구려는 예성강 남안에 위치한 마식령산맥을 따라 국경을 마주하게 되었다. 개로왕은 쌍현성을 수리하고 청목령에 큰 목책을 세워 고구려군의 공격에 대비하였다.[51] 개로왕은 청목령을 거점으로 하여 예성강을 건너 근초고왕대에 백제가 장악하였던 옛 대방군지역 진출을 시도하였다.

개로왕은 단독으로 군사작전을 감행하지 않고 신라와 연합전선을 펼치면서 영서지역의 말갈세력과도 연대를 도모하였다. 고구려는 제라 양국의 공세에 직면하여 일시 당황하였으나 곧바로 반격을 개시하였다. 개로왕은 예성강 유역 진출을 포기하고 청목령과 마식령산맥을 따라 설치된 관방을 중심으로 방어에 주력하였다.

양국의 대립은 어느 한쪽도 주도권을 장악하지 못하고 장기전으로 치달았다. 백제는 청목령으로 진출하면서 차지한 쌍현성과 석현성 및 관미성 등을 거점으로 고구려군의 공세를 차단하여 나갔다. 또한 개로왕은 한성에 나성羅城을 축조하여

---

50) 『三國史記』 권25, 百濟本紀3, 蓋鹵王 15年.
51) 『三國史記』 권25, 百濟本紀3, 蓋鹵王 15年.

고구려의 수군을 동원한 공격에 대비하는 등 수도의 방위에도 만전을 기하였다.52)

개로왕은 국력을 결집하여 고구려에 맞서 나갔으나 점차 역부족을 느끼게 되었다. 개로왕은 고구려의 공세에 직면하여 여러 가지 난관에 봉착하였다. 백제의 국력이 쇠퇴하고 왕권이 위축되자 정권의 핵심에서 소외되었던 귀족세력이 도전하기 시작하였다.

귀족세력은 고구려와의 대립이 격화되고 민생이 파탄되면서 곳곳에서 불만이 표출되자, 이를 계기로 개로왕의 국정운영 방식에 반대하고 저항하였다. 고이만년古尒萬年과 재증걸루再曾桀婁 같은 사람들은 개로왕에게 맞서다가 죄를 짓고 고구려로 망명하기도 하였다.53)

또한 백제의 장정들은 전쟁에 동원되어 전사하거나 불구가

....
52) 개로왕 때에 축조한 제방은 동쪽 종점(崇山之北)에 해당하는 아차산 대안인 고덕동 일대에서 시작하여 蛇城(삼성동 토성)에 이르렀으며, 단순한 제방이 아니라 풍납토성 등 중심 성곽의 외곽으로 확장된 시가지를 감싸면서 군사방어적 기능까지 수행한 羅城의 기능을 갖고 있었다(李道學, 1997, 『새로 쓰는 백제사』, 푸른역사, 159쪽/余昊奎, 2002, 앞의 글, 10쪽).
53) 古尒萬年과 再曾桀婁는 장수왕이 475년에 백제를 공격할 때 고구려군의 선봉에 서서 군사를 거느리고 온 인물이다. 이들은 전제왕권이 확립된 469년 이후 자신감의 발로에서 추진한 대토목 공사를 반대하는 등 개로왕과 그를 지지하는 집단에 맞섰다가 정쟁에 패

되는 자가 속출하였으며, 성곽 보수 등의 고된 역역力役에 동원
되어 불만이 고조되었다. 민생은 피폐해지고 국왕에 대한 원
망은 극에 달하였다. 개로왕은 지배층과 피지배층을 포함하여
지지세력을 상실하고 점점 고립무원의 상태로 빠져 들어갔다.

백제는 장수왕의 공격을 받고 한성이 함락되기에 앞서 내
외적인 모순이 격화되면서 무너져 내렸다. 개로왕은 고구려의
압박이 가중되는 가운데 백성들의 지지를 잃고 귀족세력들의
저항에 직면하자 대책 마련에 부심하였다.

개로왕은 왕권의 권위와 위엄을 높이기 위하여 도림의 건
의를 받아들여 큰 역사役事를 일으켜 궁실을 수리하고 선왕의
능묘를 화려하게 조성하였다. 또한 한강을 따라 사성蛇城 동쪽
부터 숭산崇山의 북쪽에 이르는 둑을 축조하는 등 대규모 토목
공사를 일으켰다.[54]

고구려의 압박이 날로 가중되는 상황 속에서 개로왕의 무
리한 대역사 시행은 중앙과 지방에 걸쳐 광범위한 저항을 받
게 되었다. 개로왕의 토목공사 추진으로 인하여 민심은 악화
되고 백제의 국력은 날로 피폐해졌다.

개로왕은 고구려의 가중되는 압박 속에서 민심이 이반되고
귀족세력들이 저항하여 상황이 날로 악화되자 북위北魏에 고구

배하여 고구려로 망명한 것으로 파악하는 견해도 있다(金壽泰,
1998, 앞의 글, 149쪽).
54) 『三國史記』권25, 百濟本紀3, 蓋鹵王 21年.

려 정벌군 파병을 요청하여 난관을 돌파하려고 하였다. 개로왕은 백제의 오랜 관행이었던 남조 중심의 외교에서 탈피하여 북위에 국서를 보내 고구려 토벌을 요청하였다.55)

북위는 강적 고구려와의 전쟁을 선택하는 대신 공존을 염두에 두고 적극적인 조치를 취하지 않았다. 북위는 당시 첨예하게 대립한 송宋·유연柔然 등과의 관계를 고려하여 고구려와 전쟁을 원치 않았다.

고구려 역시 백제와 신라가 연합하여 맞서자 북위와 관계 개선이 필요하였다. 개로왕의 북위에 대한 결사외교는 성공할 수 있는 가능성이 희박하였다. 개로왕이 북위와 연대하여 고구려를 공격하려 하였던 시도는 실패로 끝났고 말았다.

개로왕은 고구려가 누차 변경을 침범하므로 군사를 청하였으나 북위가 응하지 않자 국교를 단절하고 말았다. 백제와 고구려는 북위를 사이에 두고 치열한 외교전을 전개하였는데,56) 백제의 단교조치는 외교전에서 패배하였음을 의미한다.57)

백제의 결사외교는 고구려를 자극하여 대공세를 초래하는

---

55) 『魏書』권100, 列傳 88, 百濟.
56) 金壽泰, 1998, 앞의 글, 145쪽.
57) 고구려는 백제에 대한 공격을 앞두고 北魏에 대한 외교를 더욱 강화하였다. 『三國史記』고구려본기 장수왕 조에는 고구려가 백제 공격을 앞두고 거의 매년 北魏에 사절을 파견한 사실이 기록되어 있다. 고구려의 對北魏外交는 성공을 거두어 개로왕의 결사외교에도 불구하고 북위는 백제와 고구려의 전쟁에 개입하지 않았다.

결과가 되고 말았다. 고구려의 한성 공략은 치밀한 준비 끝에 이루어진 전격적인 군사행동이었다.

장수왕은 군사 3만 명을 거느리고 직접 출전하여 한성으로 육박하였다. 장수왕의 한성 공략에는 백제에서 죄를 짓고 고구려로 도망한 재증걸루와 고이만년 등이 앞장섰다. 재증걸루와 고이만년은 백제의 전제왕권이 확립될 무렵에 죄를 짓고 고구려로 달아난 사람들이었다.

이들은 고구려의 대로對盧 제우齊于와 함께 군사를 거느리고 한강을 건너 북성인 풍납토성을 공격하여 7일 만에 함락시키고, 남성인 몽촌토성으로 옮겨 공격하였다. 개로왕은 포위된 성이 위태로워 탈출을 시도하다가 재증걸루 등에게 사로잡혀 온갖 수모를 겪었다.

재증걸루는 개로왕을 포박하여 장수왕이 머물고 있던 아차산의 본영으로 보내 죽음에 처하게 하였다.[58] 이로써 개로왕이 추진한 전제왕권의 지향은 파탄으로 귀착되고 말았다. 백제의 수도 한성이 무참히 짓밟히고 개로왕이 살해된 중요한 원인은 무엇보다도 내정의 실패였다.

개로왕은 귀족세력의 반발에 직면하였고 백성들의 신망을 잃었다. 백성들에게 신망을 상실한 개로왕은 도미전에 하층민의 아내를 빼앗으려 한 폭군으로 인식되었다. 도미전은 수도

---

58) 『三國史記』권25, 百濟本紀3, 蓋鹵王 21年.

가 함락되고 대참화를 겪으면서 희망을 잃고 표류하게 된 백제인들의 분노와 좌절감이 반영되어 있다. 개로왕은 민생파탄과 전쟁 패배의 모든 책임을 짊어지고 전형적인 폭군으로 후세에 전해지게 되었다.

개로왕이 전제왕권을 무리하게 추진하여 백제의 국론을 분열시키고 잦은 전쟁과 노역에 지나치게 인력과 물자를 동원하여 한성 함락의 원인을 제공한 것은 사실이다. 그러나 개로왕이 20여 년에 걸친 치세 동안 무너져 내린 백제의 영광을 재현하기 위하여 고투를 벌인 사실마저 폄하할 필요는 없을 것 같다.

5장 웅진천도와 정변의 연속

1. 해구의 전횡과 문주왕·삼근왕의 시해

백제는 475년 9월에 장수왕의 공격을 받아 한성이 함락되고 개로왕이 전사하였으며, 남녀 8천 명이 포로가 되어 고구려로 끌려가는 참화를 당하였다. 그 후 왕위에 오른 문주왕은 고구려의 압박을 피해 수도를 웅진으로 옮겼다.[1] 문주가 왕위에 오를 수 있었던 것은 한성에 있던 개로왕의 직계直系 왕자들이 고구려군에게 살해되었기 때문이었다.

백제는 한성이 함락된 후 웅진으로 수도를 옮겼지만 한강 이남지역은 보전할 수 있었다. 고구려군은 한성을 함락한 후 스스로 한강을 건너 물러가고 말았다. 고구려는 구원 사절로 파견된 문주가 신라군 1만과 함께 돌아오고 있었고, 백제의 지방군도 합세할 가능성이 높았기 때문에 한강 북안北岸으로 철군하였다.

장수왕은 백제의 잔류군과 신라 구원군이 연합하여 맞서면 전쟁이 장기화 될 가능성이 크고, 배후에 있는 북위北魏가 침입하면 감당하기 어려운 사실을 고려하여 한강 북안으로 물러났다. 장수왕은 아차산 본영에 머물고 있다가 한성을 함락한 주력이 한강을 건너오자 그들과 함께 평양으로 돌아갔다.

장수왕은 일부 병력을 아차산 일대에 주둔시킨 채 평양으

---

1) 『三國史記』권26, 百濟本紀4, 文周王 卽位年.

로 개선했으며, 백제와 고구려는 상호 간에 방어거점을 수축 보강하면서 대치하였다. 그런데 고구려군은 임진강 유역과 한강 이북지역의 성곽을 모두 함락한 후 한성 공격에 나선 것이 아니었다. 개성과 장단, 연천 등의 임진강 이북지역과 그 이남의 파주·고양·의정부·동두천·양주 등에는 상당한 숫자의 백제군이 남아 있었다.[2]

　장수왕은 한성을 함락한 후 임진강 유역에 주둔한 백제군과의 교전을 피하면서 철군하였다. 장수왕은 개로왕을 살해하고 국도國都를 파괴한 대전과를 올렸기 때문에 한강 이북지역의 여러 요충지에 주둔한 백제군을 공격하지 않고 물러났다. 백제군은 국왕이 전사하는 등 지도부가 붕괴되었기 때문에 임전태세만 유지하고 반격을 꾀하지는 못하였다.

　문주는 한성의 함락과 더불어 국왕이 살해되고 많은 사람이 고구려로 끌려 간 상황 속에서 왕위에 올랐다. 문주왕은 수도가 함락되는 참화를 겪었을 뿐만 아니라 고구려의 재침 가능성이 높았기 때문에 남으로 내려갈 수 밖에 없었다. 문주왕은 고구려의 말발굽이 미치기 어려운 금강 이남의 웅진에 수도를 정하였다.

………
2) 『三國史記』권26, 百濟本紀4, 文周王 2년 조에는 대두산성을 수리하고 한강 이북의 백성들을 이주시켰다는 기사가 보인다. 이는 한성이 함락될 무렵 한강 이북에 위치한 일부 지역이 고구려의 수중에 들어가지 않았음을 의미한다.

웅진 천도는 급박한 상황 속에서도 나름대로 치밀한 계산 하에 이루어졌다.[3] 웅진의 북쪽에는 차령산맥이 발달되어 있으며, 이들의 산세는 거의 동향 또는 서남향으로 약간씩의 변동을 보이며 S자를 남북으로 길게 늘여놓은 형상을 이루었다. 동남부에는 계룡산(810m)을 최고봉으로 하여 이곳에서 발달된 400m 이상의 고지대가 위치하였다.

또한 웅진은 차령산맥과 계룡산 사이로 금강이 공주의 북서 방향으로 가로막고 흘러 천연의 요새를 이루었다. 그 외에도 웅진은 금강을 이용하여 조세를 운반하는 것이 편리하였을 뿐만 아니라 위급한 상황에서 해로海路를 통해 구원병이 오기에도 유리하였다.

백제의 남천南遷은 공주지역 토착세력의 후원을 받아 추진되었다. 종래에 공주지역은 천도 이전에 부여·논산·청주·천안 등과는 달리 강력한 토착세력 혹은 중앙과 연계된 집단이 없었던 것으로 이해하였다.

그런데 최근에 이루어진 공주 수촌리고분군의 발굴은 종래의 인식에 문제가 있다는 사실을 제기하였다. 수촌리 4호분에서 출토된 금동관과 중국제 도자기 등은 최고의 위상을 지닌 위세품威勢品으로서 피장자가 왕 다음 가는 위상을 지니고 있었

----

[3] 姜仁求, 1979, 「중국묘제가 무령왕릉에 미친 영향」, 『백제연구』10, 충남대 백제연구소, 101~102쪽.

음을 보여준다.

수촌리 백제고분군을 조영한 집단은 금강 유역에 세력기반을 두고 있었던 백씨苩氏이며, 웅진 천도 이전부터 유력한 재지의 수장이었다. 이들이 문주왕으로 하여금 도읍을 웅진에 정하도록 영향력을 끼친 집단이었다.[4]

따라서 백제의 웅진 천도는 큰 세력가를 피하여 공백지를 선정하여 이루어진 것이 아니라, 중앙권력과 상보적 관계에 있었던 수촌리 토착세력의 적극적인 후원과 도움을 받아 추진되었다. 문주왕이 신료와 백성들을 데리고 남하하자 한강 하류지역은 점차 고구려의 영향력 하에 놓이게 되었다.

고구려는 백제의 웅진 천도와 정국 불안을 틈타 한강 하류지역을 차지하게 되었다. 『삼국사기』 지리지 고구려 조에 의

공주 수촌리 출토 금동관 복원 모습
공주 수촌리고분군 일대에서는 청동기시대 주거지, 초기철기시대 토광묘, 백제시대의 대형 토광목곽묘·횡혈식 석실분·수혈식 석곽묘 등이 조사되었다. 금동관과 더불어 금동신발, 금제이식, 환두대도, 중국제 흑유도기, 닭머리 모양의 주전자 등 위세품으로 판단되는 다양한 유물들이 함께 출토되었다.

....
4) 강종원, 2005, 「수촌리 백제고분 조영세력 검토」, 『백제연구』42.

하면 그 영역은 한때 충주와 그 서남방의 음성·괴산·진천·연풍, 소백산맥 이남의 순흥·봉화·영주·예안·청송·안덕·임하 지역까지 이르렀다.[5] 고구려는 백제의 수도였던 한성을 넘어 서해안의 아산만과 동해안의 영덕을 연결하는 선까지 영역을 확대하였다.

문주왕은 웅진을 새 도성으로 정하고 패전의 수습에 임하였다. 문주왕이 웅진으로 수도를 옮기자 지배층을 비롯하여 많은 사람들이 남하하였다. 백제 주민의 남하는 자발적인 이주뿐만 아니라 사민정책도 병행되었다. 백제의 귀족들도 자신들의 인적·물적지배 기반을 유지하기 위하여 그들의 지배 하에 있던 사람들을 데리고 남하하였다.

백제가 웅진으로 천도한 이후에도 진씨가 큰 영향력을 발휘한 것은 자신들이 지배하던 사람들을 직산지역에 정착시켰기 때문이었다.[6] 해씨 역시 그들 휘하의 민호民戶를 대두산성으로 이주시켜 세력기반으로 삼았다. 이는 478년(삼근왕 2)에 해구가 반란을 일으켰을 때 근거지가 대두산성이던 점을 통해서 입증된다.[7]

문주왕은 참담한 패전으로 왕실의 권위가 떨어지고 귀족들

---

5) 『三國史記』권37, 雜志6, 高句麗.
6) 李基白, 1982, 「웅진시대 백제의 귀족세력」, 『백제연구』특집호, 37~38쪽.
7) 『三國史記』권26, 百濟本紀4, 三斤王 2年.

이 발호하는 상황에서 성품이 우유부단하여 적절한 정치적 판단을 내리기 어려웠다. 또한 개로왕이 추진하였던 왕족중심의 정국운영 과정에서 소외되었던 귀족세력이 웅진 천도를 계기로 발호하여 집권층 내부에 갈등이 조성되었다.

왕족 부여씨나 해씨·진씨 등의 한성 출신 귀족세력은 사씨沙氏(부여)·백씨苩氏(공주)·연씨燕氏(온양 혹은 연기) 등 수도 인근에 기반을 갖고 있던 신진세력의 도전을 받게 되었다. 문주왕은 즉위한 다음해에 해구解仇를 병관좌평으로 삼았는데,[8] 한성에서 내려온 귀족세력이 웅진 천도 후에도 계속 권력을 행사하였음을 의미한다.

해구는 웅진 천도 이후 병권을 장악하였지만, 문주가 웅진으로 천도할 때 측근에서 보좌한 사람은 목협만치木劦滿致와 조미걸취祖彌桀取이었다.[9] 해구는 처음에는 이들과 함께 문주왕을 보필하였으나 병관좌평에 임명된 후 군권을 장악하고 권력을 농단하기 시작하였다.

문주왕은 권력이 비대해진 해구를 견제하기 시작하였다. 이를 위해 문주왕은 궁실을 수리하여 왕실의 권위를 높이고, 동생 곤지를 내신좌평으로 삼아 군국기무를 처결하게 하였다. 또한 문주왕은 맏아들 삼근을 태자로 봉하여 차기 왕위계승

....

8) 『三國史記』권26, 百濟本紀4, 文周王 2年.
9) 『三國史記』권25, 百濟本紀3, 蓋鹵王 21年.

순서를 정하였다.[10]

　왜국에서 오랫동안 체류하면서 국제적인 감각을 익힌 곤지의 16년 만의 귀국은 전통적인 동맹관계에 있던 대왜관계의 안정과 귀족세력에 대한 견제를 수반하여 문주왕에게 큰 힘이 되었다.[11] 또한 문주왕은 사신을 송나라에 파견하여 무너진 왕권의 대외적인 권위를 높이려고 하였다. 이로써 백제는 정국이 안정되고 왕실의 권위가 일정 정도 회복되었다.

　문주왕의 곤지 중용과 왕권강화 시책은 해씨를 비롯한 귀족세력의 반발을 일으켰다. 문주왕의 왕권강화 노력은 내신좌평에 임명된 곤지가 3개월 만에 죽임을 당하면서 좌절되고 말았다.[12] 곤지의 죽음은 병관좌평 해구와 무관하지 않는 것으로 추정된다.

　곤지는 왕실이나 국가의 불길한 사태 발생을 암시하는 흑룡黑龍이 출현한 두 달 후에 사망하였다. 곤지는 질병 등에 의하여 자연사 한 것이 아니라 해구 일파에게 피살되었다. 해구는 곤지가 내신좌평에 임명되어 문주왕을 보필하면서 군국기무를 처결하자 살해하였다.[13] 곤지의 죽음 이후 해구의 전횡이 두드러지게 나타난 것은 이를 반증한다.

----

10) 『三國史記』권26, 百濟本紀4, 文周王 2年.
11) 延敏洙, 1994, 「5세기후반 백제와 왜국-곤지의 행적과 동성왕의 즉위 사정을 중심으로」, 『일본학』13, 동국대학교 일본학연구소.
12) 『三國史記』권26, 百濟本紀4, 文周王 3年.

해구는 권력을 마음대로 행사하여 법질서를 문란하게 하였으며, 국왕마저 경시하였으나 문주왕은 이를 제어하지 못하였다. 해구는 곤지를 살해한 것에 그치지 않고 자객을 파견하여 문주왕을 시해하고 13세의 어린 삼근을 왕으로 옹립하였다.

백제는 웅진 천도 이후 남하해 온 귀족세력의 분열과 갈등으로 문주왕이 피살되는 등 정치적 혼미에 빠져들게 되었다. 그러한 정치적 혼란이 최초로 표출된 것이 해구의 반란이었다. 삼근왕은 해구에 의하여 옹립되어 왕위에 오른 후 군무軍務와 정사政事 일체를 그에게 위임하였다.[14]

해구는 백제의 정국을 주도하면서 웅진 천도 후 새롭게 부상한 신흥 연씨세력燕氏勢力과 유대를 강화하였다. 해구의 독주는 왕실 및 다른 귀족세력과의 충돌을 야기하여 저항에 직면하였다. 해구의 정국 주도는 오래 가지 못하고 삼근왕과 진씨세력에 의하여 제거되고 말았다.

삼근왕은 부왕을 살해하고 전횡을 일삼는 해구를 제거하기 위하여 진씨세력과 연대를 도모하였다. 삼근왕과 진씨세력의 연대는 정치적 경륜과 식견이 부족한 어린 국왕보다는 좌평 진남眞男과 덕솔 진로眞老를 비롯한 진씨세력이 주도하였다.

해구는 웅진에서 더 이상 버티기 어려워 자신의 세력기반

....

13) 山尾幸久, 1979, 「日本書紀なかの朝鮮」, 『日本と朝鮮の古代史』, 三省堂選書57, 136쪽.
14) 『三國史記』권26, 百濟本紀4, 三斤王 前文.

인 대두산성으로 도피하고 말았다.15) 해구는 대두산성에 도착한 후 연신燕信과 함께 반란을 일으켰다. 삼근왕은 해구가 연신과 함께 반란을 일으키자 진남에게 명령하여 군사 2천 명으로 토벌하게 하였으나 이기지 못하였다.

삼근왕은 다시 진로에게 명하여 정예 군사 500명을 거느리고 가서 해구를 공격하여 죽이게 하였다. 그리고 연신이 고구려로 달아나자 그 처자를 잡아다가 웅진의 시가에서 목을 베었다.16) 해구의 반란은 종식되고 진씨세력이 정국 운영의 전면에 나서게 되었다.

백제가 고구려에게 밀려 한성에서 웅진으로 천도한 이후 권력의 주도권은 금강 유역의 토착세력이 아니라 왕족인 여씨를 포함하여 한성 출신의 진씨와 해씨가 여전히 장악하고 있었다. 진씨세력은 아신왕이 죽고 전지왕이 즉위한 이래 오랫동안 국정운영의 중추에서 배제되었는데, 해구의 반란을 진압하면서 다시 전면에 등장하였다.

삼근왕은 해구의 반란을 진압한 다음 해(479)에 15세의 나이로 사망하였다. 삼근왕의 사망 원인에 대해서는 사료가 남아 있지 않아 그 이유를 잘 알 수 없다. 삼근왕은 어린 나이에 국정을 책임지는 격무를 이기지 못했거나 질병에 걸려 사망하

---

15) 한편 삼근왕을 옹립한 것은 진씨이며, 해구의 반란은 이에 대항하기 위한 것으로 보는 견해도 있다(李道學, 1985, 앞의 글, 15쪽).
16) 『三國史記』권26, 百濟本紀4, 三斤王 2年.

였을 수도 있다.

  그러나 삼근왕은 해구의 반란을 진압하고 정국의 주도권을 장악한 진씨세력이나 그의 사망 후에 즉위한 동성왕에 의하여 제거되었을 가능성이 훨씬 높다.

2. 동성왕의 즉위와 연립정권의 성립

　삼근왕이 정변에 희생되어 사망한 후 사촌 형이 되는 동성왕이 즉위하였다. 삼근왕의 사후 당시 왕위계승에 가장 근접한 사람은 곤지계의 적장자인 동성왕이었다. 문주왕의 시해와 삼근왕의 단명 등 혼란의 와중에 동성왕이 즉위한 배경에 대해서는 여러 견해가 제시되었다.

　이에 대해서는 왜왕에 의한 책봉설, 백제와 왜측의 상호 필요설, 진씨집단에 의한 추대설, 목씨 후원설 등이 있다.[17] 그러나 동성왕은 해구에 의하여 옹립된 삼근왕이 도덕적 책임을 물어 폐위된 후 추대되었을 가능성이 높다.

　동성왕이 왕위에 오른 것은 진남眞南과 진로眞老를 비롯한 진씨세력의 적극적인 도움이 있었기 때문에 가능하였다. 진씨세력은 478년(삼근왕 2) 봄에 해구의 반란을 진압하였고,[18] 다음해 겨울에 삼근왕을 밀어내고 동성왕을 옹립하였다.

---

17) 문주왕의 弑害와 삼근왕의 短命 등 혼란의 와중에 즉위한 동성왕의 즉위 배경에 대해서는 여러 견해가 제시되었다. 즉, 왜왕에 의한 책봉설(坂元義種, 1978, 『古代東アジアの日本と朝鮮』, 吉川弘文館, 201쪽), 백제와 왜측의 상호필요설(延敏洙, 1998, 앞의 책, 425쪽), 진씨집단에 의한 농간설(李道學, 1985, 앞의 글, 425~428쪽/盧重國, 1988, 앞의 책, 151쪽), 목씨 후원설(山尾幸久, 1978, 『日本國家の形成』, 35쪽) 등이 있다.
18) 『三國史記』권26, 百濟本紀4, 三斤王 2年.

삼근왕은 왕위에서 밀려나면서 죽음을 당하였다. 왕위를 둘러싸고 전개된 치열한 권력투쟁은 어린 삼근왕을 죽음으로 몰고 갔다. 진씨세력은 왜국에 장기간 체류하여 국내에 정치적 기반이 없어 자파 중심으로 정국을 운영하기 쉬운 동성왕을 추대하였다.

동성왕은 즉위할 무렵에 10대 중반의 어린 나이였다. 동성왕은 그 보다 나이가 한두 살 많은 서형庶兄 무령이 있었지만 곤지의 적장자였기 때문에 왕위에 오를 수 있었다. 공주 송산리 무령왕릉에서 발견된 지석에 의하면 무령왕은 삼근왕이나 동성왕보다 나이가 더 많으며 왕위에 오를 때에 40세였음을 알 수 있다.

동성왕이 재위 23년에 사망하였음을 고려하면, 그는 10대 중반에 왕위에 올라 30대 후반에 시해되었음을 알 수 있다. 동성왕의 조부가 되는 비유왕은 역사에 족적을 남긴 세 명의 아들이 있었다. 비유왕을 계승한 개로왕이 장자였고, 개로왕의 사망 후 왕위에 오른 문주가 차남이었고, 왜국으로 건너가 활약한 후 문주왕대에 귀국하여 내신좌평에 오른 곤지가 셋째 아들이었다.

비유왕의 직계 자손 중에서 두 명의 아들과 세 명의 손자가 돌아가며 왕위에 올랐으며, 백제를 중흥한 성왕은 증손자가 된다. 비유왕은 자신과 여러 자손들이 왕위에 올랐지만 재위시에는 끊이지 않은 정변에 시달렸다. 그 자신도 이복異腹 형이었던 구이신왕을 밀어내고 왕위에 올랐지만 끝내 해씨세력이 일으킨 정변에 희생되었다.

비유왕의 큰 아들 개로왕 역시 한성이 함락되면서 고구려 군에게 살해되었고, 둘째 아들 문주와 그의 아들 삼근도 해씨 세력과 진씨세력에 의하여 차례로 죽임을 당하였다. 비유왕의 셋째 아들 곤지 또한 권신 해구에게 살해되었고, 곤지의 장자 동성왕이 삼근왕을 계승하여 왕위에 올랐다.

진남과 진로를 비롯한 진씨세력은 당시 왕위계승에 가장 적합한 왕족집단이 곤지계昆支系이고, 그 중에서도 적자嫡子인 동성왕을 추대하는 것이 정당성이 있었기 때문에 지지하였다.[19] 비유왕의 후손 중에서 개로왕과 그 직계는 한성이 함락될 때에 몰살되거나 고구려로 끌려갔고, 문주왕과 삼근왕은 해구의 전횡에 시달린 끝에 차례로 비명에 횡사하였기 때문에 백제의 왕통을 곤지계가 계승하게 되었다.

백제의 근친 왕족들도 진씨세력과 함께 동성왕의 즉위에 적극적인 도움을 주었다. 동성왕은 즉위 과정에서 왕족과 귀족들의 도움 외에 왜국에 데려온 호위병들의 도움을 받았다. 동성왕은 부친 곤지의 사망을 전후하여 호위병 500명을 거느리고 왜국에서 돌아왔다.[20] 이들은 동성왕이 왜국에서 데리고 있던 곤지 가문의 가병家兵이었다.

동성왕의 즉위에는 진씨세력의 후원과 더불어 왜국에서 축

....
19) 鄭載潤, 1999, 앞의 글, 88쪽.
20) 『日本書紀』권14, 雄略紀 23年 夏四月.

적된 곤지 가문의 인적 물적 자산이 많은 도움이 되었다. 동성왕은 왜국에서 태어나 성장한 후 귀국하여 왕위에 올랐지만, 국정의 주도권을 장악한 것은 그가 아니라 진씨세력이었다. 진씨세력은 어린 국왕을 대신하여 국정을 장악하고 정사를 처리하였다.

동성왕은 재위 4년(482) 봄 정월에 진로를 병관좌평으로 임명하고 중앙과 지방의 군사에 관한 일을 겸하여 맡게 하였다.[21] 동성왕은 즉위 6년째가 되면서 점차 정국운영의 주도권을 잡아 나갔다. 동성왕은 20대의 헌헌장부로 성장하여 전면에 나서 국정 운영을 추진하였다.

동성왕은 진씨세력에 의해 주도된 국정운영에서 탈피하여 공주 등지의 출신인 신진세력을 과감하게 중용하였다. 동성왕은 484년에 진씨세력을 대신하여 사약사沙若思를 내법좌평에 임명하였고, 486년에는 웅진 출신 백가苩加를 위사좌평으로 삼아 자신의 신변을 보호하도록 하였다.[22]

사약사와 백가 등의 신진세력이 국정운영의 전면에 포진된 것은 한성시대 이래 진씨와 해씨에 의해 주도된 중앙정계가 어느 정도 재편된 것을 의미한다.[23] 동성왕은 금강 유역의 토착세력을 등용하여 신구 귀족 사이의 세력균형을 도모하고,

---

21) 『三國史記』권26, 百濟本紀4, 東城王 4年.
22) 『三國史記』권26, 百濟本紀4, 東城王 8年.
23) 梁起錫, 1991, 「한국고대의 중앙정치」, 『국사관논총』21, 81쪽.

일련의 왕권강화책을 추진하여 천도 초기의 정치적 불안정을 극복하였다.

　동성왕은 신구 귀족세력과 정치적 타협을 통해 연합정권을 형성하여 국내의 취약한 지지기반을 보완하였다. 진로는 482년에 병관좌평에 임명되어 497년에 사망할 때까지 그 직위를 유지하면서 병권을 담당하였다. 백가는 486년에 위사좌평에 임명되어 501년까지 유지하면서 동성왕의 신변 보호를 담당하였다.

　동성왕은 진로와 백가로 대변되는 신구 귀족세력과 적절한 관계를 유지하면서 상호 간의 견제와 균형을 이루었다. 또한 동성왕은 해상 교통로가 차단되어 국제적 고립에 빠진 상황을 타개하기 위하여 남제(南齊)에 사절을 파견하였다. 동성왕은 고구려의 전방위 외교에 맞서 남제에 사절을 파견하여 백제의 편에 묶어 두려는 대외정책을 펼쳤다. 그 외에도 동성왕은 동맹관계를 맺고 있는 신라에 사절을 보내 예방하는 등 외교적인 안정을 기하였다.

　동성왕은 제단을 만들어 천지신명에게 제사를 지내면서 천명의 대리자로서 국왕의 권위를 높이기도 하였다. 동성왕은 남당에서 여러 신하들에게 잔치를 베풀어 왕권의 우월성을 강조하였으며, 궁궐을 중수하여 수도의 면모를 갖추면서 우두성·사현성·이산성 등을 축조하여 웅진의 방어망을 정비하였다. 또한 사정성과 가림성 등을 축조하여 중앙에서 관리를 파견하여 지방 통제력을 강화하였다.[24]

　동성왕은 왕권 신장과 정치 안정을 이룬 후 고구려에게 상실한 한강 유역을 회복하기 위하여 국력을 결집하였다. 동성왕은 군대를 한강 하류지역으로 보내 한산성漢山城을 장악하였다.[25] 한산성은 지명 이동설에 입각하여 직산[26] 혹은 연기지방[27]으로 보는 것이 일반적이다.

그런데 백제가 475년 한성 함락 이후 약 80년 동안 한강 유역 일대를 고구려에 상실한 것으로 보는 통설에 오류가 있다는 지적이 연이어 나오고 있다. 이 주장은 백제본기에 나오는 웅진씨대의 한산성과 한성 관련 기사의 사실성을 인정하는 입장에서 주장되었다.[28]

고구려의 한강 이남지역 점유는 오래가지 못하고, 백제가 늦어도 482년(동성왕 4) 무렵에 다시 진출하였다. 고구려군은

---

24) 『三國史記』권26, 百濟本紀4, 東城王 20年・23年.
25) 『三國史記』권26, 百濟本紀4, 東城王 5年.
26) 李基白, 1982, 「웅진시대 백제의 귀족세력」, 『백제연구』특집호, 38~39쪽.
27) 盧重國, 1978, 「백제 왕실의 남천과 지배세력의 변천」, 『한국사론』4, 서울대 국사학과, 101~102쪽.
28) 사회과학원 력사연구소, 1999, 『조선전사』3, 158~160쪽/김영관, 2000, 「백제의 웅진천도 배경과 한성 경영」, 『충북사학』11・12합/심광주, 2001, 「남한지역의 고구려유적」, 『고구려연구』12/임범식, 2002, 「5~6세기 한강유역사 재고」, 『한성사학』15/金賢淑, 2002, 「웅진시기 백제와 고구려의 관계」, 『고대 동아세아와 백제』, 충남대 백제연구소/김병남, 2003, 「백제 웅진시대의 북방영역」, 『백산학보』64.

우두성으로 추정되는 서천 건지산성 전경
서천군 한산면 지현리 건지산 봉우리와 계곡을 따라 흙과 돌을 섞어 축조하였다. 포곡식 산성으로 둘레는 약 1,200m에 이르며, 서해를 거쳐 금강 하구를 진입하는 적군의 동향을 감시하고 타격할 수 있는 요새였다.

475년부터 대략 480년을 전후한 5~7년 동안 주둔하였으며, 482년 무렵에 백제군이 북상하여 한성을 장악하게 되었다.

백제는 말갈을 동원한 고구려의 공세에도 불구하고 계속 한성을 점유하였다. 동성왕이 한성을 수복하고 북상하면서 양국의 대립은 첨예화 되었다. 백제가 북진하여 한성을 장악하자 고구려는 한강 북안의 구의동, 아차산, 용마산 일대에 소규모 보루를 축조하여 동향을 감시하였다.

동성왕은 직접 한산성에 이르러 군사와 백성을 위문하는 등 한강 이남지역 경영을 위하여 다각적인 노력을 기울였다. 동성왕의 한산성 행차는 한강 유역의 회복이 이루어졌기 때문에 가능하였다. 동성왕은 고구려가 한강 북안에 보루[29]를 설치하는 등 경계를 강화하자 더 이상 북상이 어렵게 되었다.

백제가 동성왕대에 이르러 한성을 장악하는 등 한강 이남지역을 회복하였지만 고구려의 견제 때문에 그 이북으로 진출하기는 어려웠다. 동성왕은 고구려의 압력에 보다 효율적으로 대처하기 위하여 493년(동왕 15)에 신라의 소지왕과 혼인동맹을 맺었다.[30] 동성왕은 북상을 포기하고 남한강 유역으로 진출하였다.

동성왕은 고구려가 충주의 장미산성을 거점으로 활용하여 중원지역을 확고하게 장악하고 있었기 때문에 남한강 유역의 중심지역을 장악하지 못하였다. 동성왕은 고구려의 방어망이 굳건한 충주 등을 공격하지 않고 여주를 거쳐 수로의 요충지에 해당하는 원주지역으로 진출하였다.[31]

동성왕은 원주의 치양성을 장악하여 고구려가 남한강 수로

....

29) 崔鍾澤, 1998, 「아차산 제4보루성유적 발굴조사」 제22회 한국고고학 전국대회 발표 요지, 255~272쪽/崔章烈, 2002, 「한강 북안 고구려보루의 축조시기와 그 성격」, 『한국사론』47, 6쪽.
30) 『三國史記』권26, 百濟本紀4, 東城王 15年.
31) 동성왕이 원주지역을 차지하자 고구려는 반격을 도모하여 백제가 점령한 치양성을 공격하였다(『三國史記』권26, 百濟本紀4, 東城王 17年). 치양성의 위치는 근초고왕 때에 백제와 고구려가 격전을 벌인 황해도 배천이 아니라 강원도 원주 일대로 보고 있다(金秉南, 2001, 앞의 글, 109쪽).

를 통하여 한강 하류지역과 충주지역을 연결하는 길목을 차단하였다. 신라 역시 백제가 남한강 유역 진출에 박차를 가하자 함께 군사행동을 개시하였다.

그러나 신라의 군사행동은 고구려의 반격에 밀려 큰 성과를 내지 못하고 수세에 몰렸다. 동성왕은 신라가 살수(괴산 청천 또는 청원 미원)에서 고구려에 패배하고, 견아성(보은 일대)으로 퇴각하자 군사 3천을 보내 포위를 풀어 주었다.[32]

동성왕대에 나제동맹군이 고구려와 전투를 벌인 곳은 주로 진천-증평-청원 미원-보은선인 중부 내륙지방이 중심이 되었다. 삼국은 남한강 유역과 소백산맥 이북지역에서 주로 대립하였고, 대립의 주요 무대는 백제가 웅진으로 천도한 후 이곳으로 옮겨지게 되었다.

동성왕은 한강 유역으로 진출하여 소기의 성과를 거둔 후 군대를 남으로 돌려 통치력이 약화된 남방지역에 대한 영향력을 확대해 나갔다. 동성왕의 남방지역 진출은 큰 어려움에 봉착하지 않고 순조롭게 진행되었다. 동성왕은 웅진 천도 과정에서 초래된 혼란을 수습하면서 백제의 영향력에서 벗어나 있던 서남해지역과 전남의 내륙지역을 장악하여 왕·후제를 시행하였다.

그러나 동성왕은 섬진강 유역에 속하는 전북 동부지역과

---

[32] 『三國史記』권26, 百濟本紀4, 東城王 16年.

전남 동부지역을 장악하지 못하였다. 백제가 이들 지역으로 진출한 것은 무령왕대인 512년과 513년 무렵에 이루어졌다. 동성왕은 남정북벌을 통해 영토를 확대하고 변방지역에 대한 영향력을 강화하였다.

동성왕의 불굴의 노력에 의하여 왕권의 위상이 높아지고 국정은 안정되었다. 백제는 동성왕의 노력에 의하여 웅진 천도를 전후하여 조성된 혼란에서 벗어나 안정기로 접어들었다. 그러나 동성왕의 집권 말기에 이르러 왕권과 귀족세력 사이의 역학관계에 큰 변화가 일어났다.

동성왕은 497년에 병관좌평 진로가 죽자 달솔 연돌燕突로 하여금 그 직책을 계승하도록 하였다. 연돌이 군사관계를 담당하는 병관좌평에 임명된 것은 신진세력이 진씨 등의 한성에서 내려온 구귀족세력을 누르고 정국운영의 전면에 부상된 것을 의미한다.[33] 동성왕은 신진세력의 힘이 점차 증대하여 왕권에 대한 압력요소로 작용하자 견제하게 되었다.

동성왕은 신진세력이 성장하여 왕권에 도전하는 조짐을 보이자 연합정권을 부정하고 독단적인 정국운영을 꾀하였다. 동성왕은 500년 봄에 궁궐 동쪽에 높이가 다섯 장丈이나 되는 임류각을 세우고 연못을 조성하여 진기한 새를 길렀는데, 신하들이 반대하며 상소를 하였으나 응답조차 하지 않았다. 또한

....
33) 梁起錫, 1991, 「한국고대의 중앙정치」, 『국사관논총』21, 81쪽.

더 간언하는 사람이 있을까 하여 궁궐 문을 닫아 버리기도 하였다.[34]

이는 동성왕과 귀족세력 사이의 알력과 갈등을 보여주는 사례로 생각된다. 동성왕은 임류각 조영에 대한 간언을 국왕의 권위에 대한 도전으로 받아 들였기 때문에 배척하였다. 동성왕은 500년 5월에는 좌우의 근신들과 더불어 임류각에서 연회를 베풀어 날이 밝도록 그치지 않았다.

동성왕이 환락에 빠져 정사를 게을리 하면서 민심이 이반되기 시작하였다. 501년 봄에 수도 웅진에서 노파가 여우로 둔갑하여 사라졌으며, 남산에서 호랑이 두 마리가 싸웠는데 잡지 못하였다. 3월에는 서리가 내려 보리를 해쳤고, 5월부터 가을까지 비가 내리지 않았다.[35]

동성왕은 민심이 이반되고 불길한 조짐이 연이어 발생하였지만, 왕궁을 벗어나 수도 외곽에서 사냥을 즐겨하였다. 동성왕은 귀족세력의 압박을 측근들과 더불어 사냥과 유흥으로 해소하려고 하였다. 동성왕은 만년에 이르러 초기에 추구하여 왔던 연합정권을 스스로 부정하고 측근을 비호하면서 저항에 부딪히게 되었다.

동성왕은 위사좌평 백가를 부여군 임천면에 위치한 가림성

---

34) 『三國史記』 권26, 百濟本紀4, 東城王 22年.
35) 『三國史記』 권26, 百濟本紀4, 東城王 23年.

의 성주로 전출하여 정치적인 부담을 줄이려고 하였다. 동성왕은 병을 핑계 삼아 임지에 부임하지 않으려던 백가를 강제로 내보냈다. 백가는 병을 핑계로 사양하였으나 동성왕이 이를 허락하지 않았다.

백가는 불만에 가득 차 마음의 상처를 안고 임지로 떠나갔다. 백가는 가림성에 주둔하면서 기회를 엿보다가 501년 11월 동성왕이 마포촌(서천 한산)에서 사냥하는 틈을 타서 자객을 보내 왕을 찔러 중상을 입혔다.[36]

동성왕은 다음달에 30대 후반의 젊은 나이로 재위 22년의 파란만장한 생을 마감하게 되었다. 동성왕의 시해에는 백가뿐만 아니라 정치적 영향력이 있는 여러 국인國人들이 참여하였다. 『일본서기』에는 동성왕의 사망과 관련하여 다음과 같은 사료가 남아 있다.[37]

> 백제 말다왕이 무도無道하여 백성들에게 포학했으므로 국인國人이 마침내 제거하고 도왕嶋王을 세우니 바로 무령왕이다.

그러나 정변의 명분으로 내세운 '동성왕의 무도와 백성에

....
36) 『三國史記』권26, 百濟本紀4, 東城王 23年.
37) 『日本書紀』권16, 武烈紀 4年.

임류각 전경
동성왕이 신하들의 반대를 무릅쓰고 궁성 동쪽에 5장(丈) 높이로 세운 전각. 동성왕은 말년에 이르러 이곳에 자주 행차하여 환락을 즐겼다.

대한 포학'은 구실에 불과하였다. 동성왕이 살해된 이유는 측근을 내세워 독단적인 정국운영을 실시하였기 때문이다. 동성왕은 집권 말기에 이르러 한성 출신의 구귀족세력과 금강 유역의 신진 귀족세력의 상호 간의 견제와 균형을 통한 연합정권을 부정하였다.

그 대신에 동성왕은 일부 측근들을 내세워 독단적인 국정운영을 하였다. 이로 말미암아 신구 귀족을 망라하여 대다수의 집권층은 동성왕에 대한 지지를 철회하고 등을 돌리게 되었다. 동성왕이 연립정권을 부정하고 측근정치로 선회한 계기는 497년에 진로가 사망한 이후였다.

진로는 동성왕이 믿고 의지할 수 있는 국가의 원훈임과 동시에 구귀족세력의 입장을 대변하는 인물이었다. 진로는 482년에 병관좌평에 임명된 이래 16년 동안 병권을 장악하는 등 절대적인 신임을 받았다. 동성왕의 신뢰를 받고 큰 영향력을 행사한 인물은 진로 외에 백가, 연돌 등이 있었다.

백가는 485년에 위사좌평에 임명된 후 국왕의 신변과 왕궁의 경비를 담당하는 측근이 되었다. 그는 485년에 위사좌평에 임명된 이래 501년까지 재직하면서 동성왕의 두터운 신임을 받는 신진 귀족세력의 대표자로 군림하였다.

연돌 역시 신진 귀족세력의 대표적인 인물로 진로의 사망 이후 병관좌평에 임명되었다. 진로의 사망을 계기로 구귀족세력이 약화되고 백가와 연돌이 동성왕의 신임을 받기 위해 각축을 벌이게 되었다. 동성왕은 진로의 사망 이후 위사좌평에 오랫동안 재직하면서 막강한 영향력을 행사하던 백가의 부상에 부담을 느끼게 되었다.

동성왕은 진로의 사망을 계기로 하여 백가에게 권력이 집중되자 연돌을 병관좌평으로 삼아 견제하였다. 따라서 연돌은 동성왕 말기에 병폐로 지적되는 측근정치의 배후 인물일 가능성이 높다. 동성왕은 백가를 견제하기 위해 수도 외곽의 경비 강화를 구실로 삼아 가림성의 성주로 보냈으나, 불만을 품은 백가가 보낸 자객의 칼날에 시해되고 말았다.

3. 무령왕의 집권과 백제의 중흥

동성왕이 500년에 백가가 보낸 자객의 칼에 찔려 사망을 당한 후 무령왕이 즉위하였다. 동성왕의 후사 여부는 사료가 남아 있지 않아 잘 알 수 없지만, 그의 아들이나 조카 등이 즉위하지 않고 이복 형이 왕위에 오른 것은 특이한 일이었다.

무령왕의 이름은 사마斯摩 또는 융隆이라 했으며, 혈통에 대해서는 어느 왕보다 이설異說이 많다. 동성왕의 둘째 아들설,[38] 실제적으로는 개로왕이 생부生父이지만 곤지가 의부義父였다는 설,[39] 동성왕의 이모형異母兄이라는 견해[40] 등이 있다. 그러나 무령왕이 동성왕의 어머니가 다른 형이었다는 견해가 일반적으로 인정된다.

무령왕은 공주 송산리 왕릉에서 발견된 지석에 의하면 462년에 출생하였다. 무령왕은 곤지의 다섯 아들 중에서 장남으로 왜국 좌하현佐賀縣의 작은 섬인 가당도加唐島에[41]서 태어났다. 곤지는 왜국으로 떠나면서 해산 날짜가 다가오는 임신한 아내를 동반하였다.

『일본서기』에 의하면 그녀는 원래 개로왕의 여자였는데, 곤

---

38) 『三國史記』권26, 百濟本紀4, 武寧王 卽位年.
39) 『日本書紀』권14, 雄略紀 5年.
40) 『日本書紀』권16, 武烈紀 4年.
41) 문경현, 2000, 「백제 무령왕의 출자에 대하여」, 『사학연구』60.

지가 달라고 요청하여 함께 왜국으로 건너가게 되었다는 기록이 남아 있다.[42]

백제 말다왕末多王이 무도하여 백성들에게 포학했으므로 나라 사람들이 마침내 제거하고 도왕嶋王을 세우니 바로 무령왕이다. 『백제신찬百濟新撰』에 이르기를 말다왕이 무도하여 백성들에게 포학했으므로 나라 사람들이 함께 제거했다. 무령왕이 즉위하였는데 휘諱는 사마왕斯麻王이고 곤지왕자琨支王子의 아들이니 말다왕의 이모형異母兄이다. 곤지가 왜로 갈 때에 축자도筑紫嶋에 이르러 사마왕을 낳았다. 섬으로부터 되돌려 보냈는데 서울에 이르지 못하고 섬에서 낳았으므로 그렇게 이름 하였다. 지금 각라各羅의 바다 가운데 주도主嶋가 있는데 왕이 태어난 섬이어서 백제인들이 주도라 부른다. 지금 생각건대 도왕은 곧 개로왕의 아들이고 말다왕은 곤지왕의 아들이다. 여기서 이모형異母兄이라고 한 것은 자세하지 않다.

무령왕은 왜국에서 461년에 태어나 성장한 후 17세 무렵에 부친과 함께 귀국하였다. 무령왕은 40세에 왕위에 올랐으며 8척의 키에 아름다운 용모를 가졌고 성품이 인자하고 관대하였

---
42) 『日本書紀』권16, 武列紀 4年.

다.[43] 무령왕은 즉위 후 동성왕이 시해되면서 초래된 정국의 불안정을 해소하고 왕권의 권위를 높이는 데 주력하였다.

무령왕은 즉위 후 얼마 되지 않아 동성왕을 시해한 백가의 반란에 직면하여 시련을 겪게 되었다. 백가는 정권을 장악하여 삼근왕대의 해구와 같은 권신으로 군림하든지 아니면 제거될 수 밖에 없는 운명에 직면하였다. 백가는 문주왕을 살해하고 삼근왕을 즉위시킨 후 군국정사를 마음대로 주물렀던 해구의 전례를 염두에 두었다.

그러나 40세의 완숙한 나이에 즉위한 무령왕은 호락호락한 인물이 결코 아니었다. 무령왕은 동성왕을 시해한 책임을 물어 백가를 제거하고 왕권의 위상과 권위를 높이려고 하였다. 무령왕은 정변의 책임을 물어 백가를 제거하고 자신의 즉위 정당성을 내세우려 하였다.

백가는 사태가 그의 뜻대로 돌아가지 않고 상황이 악화되자 주둔하고 있던 가림성에서 반란을 일으켰다.[44] 백가가 정변 이후 정국의 주도권을 장악하지 못한 것은 동성왕의 시해를 배후에서 주도한 세력이 별도로 존재하였기 때문이다. 백가를 앞세워 동성왕을 시해하고 새로운 국왕을 옹립한 정변의 배후에는 별도의 주모자가 있었다.

....
43) 『三國史記』권26, 百濟本紀4, 武寧王 卽位年.
44) 『三國史記』권26, 百濟本紀4, 武寧王 前文.

동성왕의 시해는 가림성으로 축출된 백가와 그 일파의 단순한 불만 때문에 이루어진 것은 아니었다. 동성왕을 살해하기 위하여 자객을 보낸 사람이 백가로 기록된 것은 정변의 주체가 백가였음을 의미한다.

그런데 동성왕의 시해는 주도 세력의 모의 아래 거사의 적임자로 백가를 끌어 들였으며, 무령왕이 집권한 이후 그 책임을 전가한 것으로 판단된다.[45] 즉, 무령왕 자신이 정변을 일으켜 동성왕의 정권을 무너뜨렸을 개연성이 높다.[46]

동성왕이 30대 후반에 사망하였음을 고려하면 후사를 이을 수 있는 10대 후반 정도의 아들이 존재하였을 가능성이 있다. 곤지에게는 동성왕 외에 다른 적자가 있었기 때문에 무령왕의 즉위는 왕위계승 순서로 볼 때 어려운 상태에 있었다. 그럼에도 불구하고 무령왕이 왕위에 오른 것은 정변에 깊숙이 개입되어 있었기 때문에 가능하였다.

무령왕은 정상적인 방법으로는 왕위에 오를 수 없었기 때문에 정변을 일으킨 것으로 판단된다. 또한 무령왕과 백가가 주도한 동성왕의 시해는 측근 위주의 독선적인 정책에 반대하는 다수의 귀족세력과 왕족들이 참여하였다.

....

45) 鄭載潤, 1997,「동성왕 23년 정변과 무령왕의 집권」,『한국사연구』 99·100合.
46) 盧重國, 1991,「백제 무령왕대의 집권력 강화와 경제기반의 확대」,『백제문화』21, 11~12쪽.

무령왕이 일으킨 정변에 왕족과 귀족세력이 호응한 것은 동성왕이 집권 말기에 이르러 연립정권을 부정하고 독단적인 정국운영을 하였기 때문이었다. 동성왕은 귀족세력의 견제를 독단적인 정국운영을 통하여 극복하려고 하였다.

동성왕은 '담력이 남보다 뛰어나고 활을 잘 쏘아 백발백중 하였다'[47]는 평판답게 귀족세력의 불만과 저항을 권력의 힘으로 제압하였다. 이는 극소수의 측근을 제외하고 왕족과 귀족세력의 불만을 야기하고 말았다.

이로 말미암아 무령왕이 주도한 거사에 동성왕 집권기에 소외되어 있던 해씨 등의 한성에서 내려온 구귀족세력도 적극적으로 참여하였다. 무령왕이 즉위한 후에 백가가 반란을 일으키자 왕명을 받들어 군사를 거느리고 출전한 해명解明[48]의 존재는 이러한 사실을 반증한다. 또한 무령왕의 즉위 초에 '골족骨族'[49]으로 지칭되는 왕족들도 정변을 성공으로 이끄는데 큰 역할을 하였다.

동성왕을 시해한 정변의 주체는 사실상 무령왕이었고, 백가는 행동 책임자에 불과하였던 것이다. 백가는 무령왕의 즉위 후 정국운영의 핵심에서 배제되고, 전왕을 살해한 도덕적인 문제 등으로 자신의 입지가 축소되자 가림성에서 반란을

----

47) 『三國史記』권26, 百濟本紀4, 東城王 卽位年.
48) 『三國史記』권26, 百濟本紀4, 武寧王 卽位年.
49) 『日本書紀』권16, 武烈紀 7年 4月.

가림성으로 추정되는 부여 성흥산성
임천면 동편의 성흥산 정상에 위치하고 있으며 둘레가 약 1,200m, 높이가 3~4m에 달하는 석축 산성이다. 부여를 수호하기 위해 금강 하류의 대안에 축조된 가장 중요한 산성의 하나이다. 산성에서 보면 부여는 물론 멀리 논산, 전북 용안, 군산의 금강 하구까지 한 눈에 보인다.

일으켰다.

 무령왕은 수도 웅진에 머무르지 않고 직접 군사를 거느리고 백가가 주둔한 가림성(부여 성흥산성)과 인접한 우두성(서천 건지산성)으로 나아갔다. 무령왕은 우두성에 이르러 해명에게 명령을 내려 백가 일파를 토벌케 하였다. 무령왕은 자신이 진두에 서서 반란세력을 제압하여 정치적 입지를 강화하고 정국운영의 주도권을 장악하였다.[50] 무령왕은 백가를 성문을 열고 나와 항복하자 그의 목을 베어 백강에 던져 버렸다. 무령왕은 대의명분을 세우기 위해 옛 동료의 목을 베는 과단성을 보였다. 무령왕이 직접 토벌에 나선 것은 실추된 왕권의 권위를 높이기 위한 포석의 일환이었다.

　무령왕은 자신이 정변을 주도하여 귀족세력과 왕족의 도움을 받아 즉위하였으며 특정 파벌에 의하여 옹립된 존재가 아니었다. 동성왕대에 중앙정계를 주름잡았던 진로는 사망하였고, 백가는 반란에 실패하여 제거되었다. 연돌은 동성왕의 최측근 인물이었기에 자신이 모시던 국왕이 시해된 후 정치적 운명을 같이 하였다.

　무령왕은 특정 파벌에 실권을 내준 무력한 존재가 아니라 자신이 직접 나서 왕족과 귀족세력 사이의 견제와 균형을 통하여 왕권 안정을 추구하였다. 무령왕이 즉위할 때 나이가 40세에 달하여 경륜이 풍부하고 식견이 빼어난 점도 국정운영에 큰 자산이 되었다.

　무령왕은 측근정치의 폐해를 극복하기 위해 특정 파벌이나 인물에 의지하지 않고 널리 인재를 등용하였다. 백제본기 무령왕 조를 보면 한솔 해명解明, 달솔 우영優永, 좌평 인우因友, 달솔 사오沙烏 등이 큰 활약을 펼쳤다. 그러나 이들은 동성왕대에 활약한 진로, 백가, 연돌만큼 정국운영에 절대적인 영향력을 행사하지 못하였다.

　동성왕이 진로와 백가·연돌 등 신구 귀족세력의 대표적인 인물과 연대하여 연합정권을 구성한 것과는 달리, 무령왕은

---

50) 盧重國, 1991, 위의 글, 13쪽.

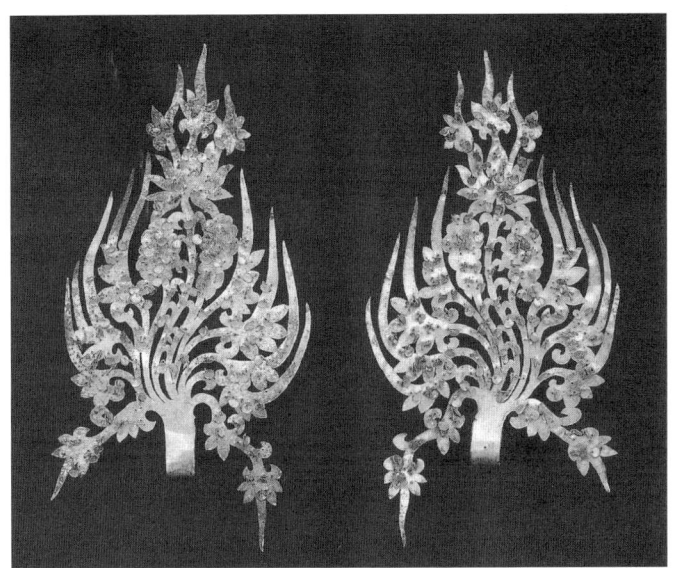
무령왕릉에서 출토된 금제장식(국립공주박물관)

특정 인물이나 계파에 의존하지 않고 직접 정국운영을 주도하였다. 무령왕은 정변이나 반란, 전쟁의 참화 속에서 즉위한 대부분의 역대 군왕들이 즉위 후 극심한 알력과 권력투쟁을 겪은 것과는 달리 처음부터 국정운영의 주도권을 장악하였다.

백제는 무령왕의 집권 이후 정국이 안정되고 국왕과 귀족세력 사이에 적절한 권력 분점이 이루어졌다. 무령왕은 동성왕 집권기에 신구 귀족세력 사이에 발생한 대립과 갈등을 반복하지 않기 위해 자신이 직접 정국운영을 주도하였다.

무령왕은 즉위한 후 동성왕의 북진정책을 계승하여 실지회복을 추진하였다. 무령왕은 한강유역을 회복하기 위하여 고구려와 그 부용세력인 말갈과의 전투를 수 차례 치렀다. 무령왕은 즉위한 해의 11월에 달솔 우영優永에게 5천 군사를 주어 한강과 임진강을 건너 황해도의 신계에 위치한 수곡성을 공격하도록 하였다.[51]

무령왕은 다음 해의 겨울에도 군사를 보내 고구려의 변경을 공격하였다.[52] 백제군이 공격한 고구려의 변경은 장단과 개성 등의 임진강 북안지역으로 추정된다.[53] 무령왕이 즉위한 후 백제와 고구려는 신계의 수곡성과 임진강 북안지역에서 접전을 벌인 것으로 추정된다.

무령왕은 한강과 임진강을 넘어 예성강 유역을 회복하기 위하여 고구려 및 그 부용세력인 말갈 7차례 이상에 걸쳐 치열한 전투를 치렀다. 무령왕은 북으로 예성강 남안지역을 확보하였고, 동북으로 임진강 중·상류지역에 속하는 연천과 이천 일대를 점령하였다.

백제는 무령왕 때에 이르러 웅진 천도 전후의 쇠퇴기를 벗어나 임진강 유역과 예성강 유역의 일부를 다시 회복하였다. 무령왕이 왕위에 오르자마자 곧바로 고구려 공격을 개시한 것

----

51) 『三國史記』권26, 百濟本紀4, 武寧王 卽位年.
52) 『三國史記』권26, 百濟本紀4, 武寧王 2年.
53) 북한학계는 수곡성 전투를 계기로 하여 백제가 개성 일대까지 진출한 것으로 보고 있다(사회과학원 력사연구소, 1991, 『조선전사 3』중세편(고구려사), 154쪽).

은 즉위과정에서 표출된 내분을 전쟁을 통하여 종식하려는 의도 때문으로 추정된다.[54]

무령왕은 왕위계승 과정에서 표출된 지배층의 갈등을 고구려와의 전쟁을 통해 희석하고 이반된 민심을 수습하려고 하였다. 또한 무령왕은 민생안정에도 노력하여 백성들이 가뭄으로 굶주리자 창고를 풀어 구제하였고,[55] 제방을 튼튼하게 하여 국내의 놀고먹는 자를 몰아 농사를 짓게 하였다.[56]

무령왕은 민생 안정을 바탕으로 국력을 회복하여 고구려 및 말갈과 접전을 펼치면서 예성강 남안지역까지 영역을 확장하였다. 백제는 동성왕 때에 한강 이남지역을 회복하였고, 무령왕 때에 이르러 한강 이북지역으로 진출하였다.

백제가 고구려와 치열한 접전을 벌이면서 승리를 거두고 다시 강국의 반열에 올라선 것은 양나라에 보낸 표문에 기록되어 있다.[57]

---

54) 동성왕이 백가가 보낸 자객에게 칼에 찔려 중상을 당한 것은 501년 11월이고 사망에 이른 것은 그 다음달이었다. 그리고 무령왕이 즉위하여 수곡성을 501년 11월에 공격한 사실을 고려하면, 무령왕은 즉위한 후 곧바로 고구려 공격에 나섰음을 알 수 있다.
55) 『三國史記』권26, 百濟本紀4, 武寧王 6年.
56) 『三國史記』권26, 百濟本紀4, 武寧王 10年.
57) 『梁書』권54, 列傳48, 諸夷 東夷, 百濟.

겨울 11월에 사신을 양나라에 보내 조공하였다. 이보다 앞서 고구려에게 격파당하여 쇠약해진지가 여러 해였다. 이때에 이르러 표를 올려 "여러 차례 고구려를 깨드려 비로소 우호를 통하였으며 다시 강한 나라가 되었다"고 일컬었다.

양(梁)도 무령왕이 보낸 표문의 사실성을 인정하여 백제를 강국으로 인정하였다. 이는 백제가 무령왕 때에 이르러 웅진 천도 전후의 쇠퇴기를 벗어나 한강 하류지역과 임진강유역을 회복한 사실을 반영한다. 또한 백제본기 무령왕 조에 보이는 백제와 고구려 및 말갈의 전투가 한강 이북지역과 임진강유역 일대에서 벌어졌음을 입증한다.

무령왕은 북방진출이 성공리에 완수되자 군대를 남으로 돌려 섬진강 유역으로 진출하였다. 무령왕은 대가야가 진출하여 영향력을 행사하고 있던 남원과 임실, 장수 등의 전북 동부지역을 회복하였다. 무령왕은 섬진강 유역에 거주한 주민들을 자국의 호적에 편입하면서 지배를 강화하였다.[58]

무령왕은 남원을 위시하여 전북 동부에 위치한 섬진강 중·상류지역을 차지한 후 그 하류지역으로 진출하였다. 무령

---

58) 이근우, 1994, 「『日本書紀』에 引用된 百濟三書에 관한 硏究」, 한국정신문화연구원 박사학위논문, 164쪽.

왕은 섬진강 유역에 지방관을 파견하여 직접지배를 실시하지는 못하였다. 백제가 직접지배를 관철한 것은 방군성제方郡城制를 실시한 사비 천도 이후이며, 이때는 토착사회의 수장층을 이용한 간접지배 형태의 공납지배를 실시하였다.

무령왕은 대가야의 영향력을 배제하면서 섬진강 유역을 재차 장악하는 것으로 만족하였다. 백제는 동성왕의 전남지역 석권과 무령왕의 섬진강 유역 진출을 통하여 웅진 천도를 전후로 하여 자국의 지배에서 벗어난 남쪽의 변방지역을 회복하였다.

백제가 섬진강 유역을 석권하자 곧이어 대가야의 반격이 이루어졌다. 대가야는 무령왕의 공세를 차단하고 섬진강 유역에 대한 영향력을 다시 회복하기 위하여 소백산맥을 넘어 기문己汶이 위치한 남원과 임실 등의 전북 동부지역으로 군대를 파견하였다.[59]

대가야는 백제를 축출하고 기문지역을 차지하였지만 오래 가지 못하고 백제의 반격을 받아 물러나고 말았다. 무령왕은 513년 늦어도 516년까지는 기문지역을 완전히 점령하고 하동의 대사진帶沙津을 놓고 대가야와 각축을 벌였다. 무령왕은 대

....
59) 백제의 섬진강 하류지역 진출 과정에 대해서 문헌에 직접 전하는 사료가 남아 있지 않다. 다만 『日本書紀』繼體紀 6년(512) 조에 기록된 上哆唎·下哆唎·娑陀·牟婁의 '任那四縣' 할양 기사를 통하여 추정하고 있다.

가야의 적극적인 저항에도 불구하고 522년 무렵에는 섬진강을 건너 대사를 장악하는 데 성공하였다.[60]

무령왕은 대사진을 장악하여 남부 가야지역으로 진출할 수 있는 거점을 확보하게 되었다. 대사진의 장악은 남해안을 통하여 왜국으로 연결되는 교통로 장악을 의미하고, 진주와 함안 등의 가야지역으로 진출할 수 있는 교두보의 확보라는 점에서 큰 의의가 있었다.[61]

백제는 무령왕과 신민이 혼연일치가 되어 불굴의 노력을 기울인 결과 전성기대의 판도를 거의 회복하게 되었다. 무령왕은 왕권 강화, 체제정비, 민생회복을 통해 국력을 정비하고, 적극적으로 영토확장을 추진하여 백제를 다시 강국의 반열로 끌어 올렸다.

무령왕의 집권 전반기에 이룩된 왕권의 안정과 백제의 번영은 후반기에도 그대로 유지되었다. 무령왕은 집권 후반기에 이르러 전반기의 치적을 바탕으로 적극적이고 활발한 대외정책을 펼쳤다. 또한 무령왕은 신라와 양나라의 통교에 적극 개입하여 양국의 외교관계 수립을 주선하였다.

『양서梁書』 백제 전에는 모진募秦이라는 신라왕(법흥왕)이 처음으로 사신을 파견하였는데, 백제를 따라와 방물을 바쳤다는

----

60) 『三國史記』권4, 新羅本紀4, 法興王 9年.
61) 延敏洙, 1998, 앞의 책, 184쪽.

기록이 남아 있다.[62] 무령왕은 고구려의 외교 공작을 견제하고 신라를 자기의 우방으로 끌어들이기 위하여 양나라와의 통교를 주선하였다.

백제사에 있어서 무령왕 시대는 성왕의 중흥을 위한 토대가 마련된 전야前夜로 이해되고 있다. 그러나 무령왕의 치세만큼 왕권이 안정되고 국력이 신장된 시기는 별로 없었다. 성왕은 집권 전반기에 온갖 시련을 겪은 후 사비 천도를 단행하여 집권체제를 정비하였다.

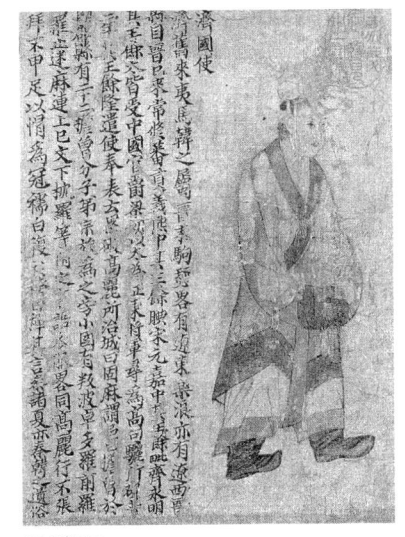

양 직공도梁職貢圖
양 직공도는 소역蕭繹이 그린 사신도使臣圖이며, 백제 사절의 모습을 통해 당시의 문화양상을 엿볼 수 있다.

성왕은 집권 후반기에 주목할 만한 치적을 이루었지만, 신라의 배반으로 한강 유역을 상실한 후 복수에 나섰다가 관산성 부근에서 복병에 사로잡혀 비참한 최후를 바쳤다. 그 반면에 무령왕은 집권 전반기의 빛나는 치적을 후반기까지 이어가

....
62) 『梁書』 권54, 列傳48, 諸夷 東夷, 百濟.

공주 송산리고분군
웅진도읍기에 재위하였던 왕과 왕족들의 무덤이 모여 있는데, 무령왕릉을 포함해 모두 7기가 있다.

면서 백제사상 유례없는 황금기를 이루었다.

무령왕의 치세야말로 웅진 천도 과정에서 빚어진 갈등과 국력 위축에서 벗어나 백제의 중흥을 이룬 시대였다. 또한 무령왕은 웅진기의 제왕 중에서 유일하게 천수를 누린 인물이었다. 무령왕은 생전에 사마왕斯麻王으로 불렸으며 523년 5월에 사망하여 3년 상이 끝나고 525년 8월에 묻혔다.

무령왕은 성왕과 같은 일세를 풍미할 수 있는 영민한 아들을 후사로 남겨두고 죽음을 맞이한 행운마저 누렸다. 무령왕이 누린 복락과 행운은 살아생전으로 끝나지 않고 역사를 통해 1천 5백년을 이어졌다. 무령왕릉은 도굴로 파괴된 대부분의 왕릉과는 달리 훼손되지 않고 원형이 잘 보존되었다.

공주 송산리 무령왕릉에서 발견된 지석에는 주인공이 살아 생전에 누렸던 권위를 나타내는 기록이 남아 있다. 백제의 신민들은 무령왕의 죽음을 '붕崩'으로 표현하였다. 붕은 천자의 죽음을 의미하는 것이기 때문에 무령왕이 생전에 황제에 버금가는 권위를 갖고 통치했음을 보여준다.

6장 사비시대의 왕위계승과 정국 동향

1. 성왕의 집권과 삼국항쟁의 접화

무령왕이 523년에 사망하자 그의 맏아들 성왕이 즉위하였다. 무령왕이 사망한 후 성왕이 어렵지 않게 왕위에 오른 것은 국정이 안정되고 왕권의 위상이 강화되었기 때문에 가능하였다. 백제는 실로 오랜만에 왕위를 둘러싸고 갈등과 분쟁 없이 성왕이 평화스럽게 즉위하였다.

성왕은 무령왕의 집권기에 국정이 안정되고 왕권이 위상 높아졌기 때문에 다른 역대 국왕보다 훨씬 좋은 조건에서 즉위하였다. 성왕은 무령왕이 63세에 사망하였음을 고려하면 30~40대 전후의 장년 나이에 왕위에 올랐을 가능성이 높다.

성왕은 『양서梁書』에 의하면 이름을 명明이라 하였고, 『일본서기』에는 명明 또는 성명聖明으로 기록되었다. 성왕의 인물됨에 대하여 『삼국사기』에는 "지혜와 식견이 빼어나고 결단력 있게 일을 처리하였다"[1]라고 하였고, 『일본서기』에는 "하늘의 도道와 땅의 이치에 통달하였고 명성은 사방팔방에 퍼졌다"[2]라고 하였듯이 매우 비범한 사람이었다.

성왕은 대부분의 역대 국왕이 경험하였던 정국 혼란이나 왕권의 위상 추락과 같은 어려움을 별로 겪지 않았다. 또한 성

---

1) 『三國史記』권26, 百濟本紀4, 聖王 前文.
2) 『日本書紀』권17, 欽明紀 16年 春 2月.

왕은 통치자로서 훌륭한 자질을 타고 났고, 태자 시절부터 적절한 교육과 수련을 받았다. 그는 32년 동안의 오랜 재위기간에 해외교류, 불교진흥, 사비천도, 관제정비, 영토확장, 외교와 국방 등의 여러 분야에서 빛나는 치적을 이루었다.

성왕의 오랜 기간에 걸친 치세는 백제가 중흥을 이룬 황금시대로 알려져 있다. 성왕의 치세는 집권 16년째에 해당되는 538년에 이루어진 사비 천도를 전후로 하여 두 시기로 구분된다.

성왕의 집권 전반기는 여러 면에서 침체를 면치 못하였고 시련과 역경이 거듭되었다. 성왕이 역사에 남을 만한 치적을 이룬 것은 사비 천도 이후에 해당되는 후반기였다.

성왕은 즉위 후 내정 분야에서는 별다른 어려움을 겪지 않았지만 고구려의 도전에 직면하여 시련을 겪었다. 고구려의 안장왕은 성왕이 즉위하자 곧바로 신왕의 능력을 시험하듯이 군대를 보내 백제의 북방을 공격하였다.

안장왕은 무령왕에게 상실한 한강 이북지역을 되찾기 위하여 523년 가을에 군대를 패수로 보냈다. 패수는 예성강 중류에 해당되는 평산군 저탄을 가리키며, 백제와 고구려 양국이 여러 번 결전을 벌인 곳이었다.

백제와 고구려가 패수에서 전투를 벌인 것은 양국이 예성강 유역을 경계로 국경을 마주하였음을 의미한다. 성왕은 좌장左將 지충志忠에게 보병과 기병 1만 명을 주어 고구려군을 물리쳤다.[3] 양국은 패수 전투를 계기로 큰 마찰 없이 한 동안 소강상태를 유지하였다.

성왕은 고구려의 침입을 격퇴한 후 대외관계의 안정과 수도의 방위시설 구축을 위해 여러 가지 노력을 기울였다. 성왕은 525년에 사절을 보내 신라와 서로 예방하면서 동맹관계를 더욱 강화하였다. 성왕은 신라 외에 중국 남조·왜·가야 등과의 우호관계를 유지하기 위해서도 노력하였다.

또한 성왕은 526년에는 웅진성을 수축하고 사정책을 세우는 수도의 방위시설을 강화하였다.[4] 성왕이 수도방위 시설을 보강하고 사정책 등을 축조한 것은 중원 방향을 통해 침입할 가능성이 있는 고구려의 기습작전을 예방하려는 측면이 강하였다.

양국의 소강상태는 6년 만에 끝나고 529년 겨울에 다시 치열한 혈전을 벌이게 되었다. 안장왕은 백제가 예성강 남안까지 이르러 마식령산맥을 경계로 하여 청목령과 그 부근의 요충지에 방어 거점을 마련하고 고구려의 침입에 대비하고 있었기 때문에 정면 돌파가 어려웠다. 안장왕은 직접 군사를 거느리고 해상을 통해 쳐들어 와서 강화도에 위치한 혈성穴城을 함락하였다.[5]

안장왕은 혈성을 기습하여 함락한 후 육지로 상륙하여 백

---

3) 『三國史記』권26, 百濟本紀4, 聖王 前文.
4) 『三國史記』권26, 百濟本紀4, 聖王 4年.
5) 강화도는 『三國史記』권35, 雜志4, 地理2 漢州 條에 의하면 고구려 때는 穴口郡이었는데, 신라의 경덕왕이 海口郡으로 개명하고, 고려 때

제의 배후를 공격하였다. 고구려가 강화도의 혈성 함락을 시작으로 한강 이북지역을 차지한 사실은 『삼국사기』 지리지에 설화로 전해 내려오고 있다.[6] 안장왕은 치밀한 준비 끝에 무령왕에게 빼앗긴 한강 이북지역을 다시 회복하였다.

이에 맞서 성왕도 연모(燕謨)에게 군사 3만 명을 주어 예성강을 건너 오곡(황해도 서흥)의 벌판에서 고구려와 격전을 벌였다.[7] 백제군은 삭녕(연천군 중면 삭녕리)이나 안협(강원도 이천군)을 경유하여 토산(금천)을 거쳐 신계 방향으로 올라갔다.

백제군은 신계에서 멸악산맥을 넘어 서흥으로 진격하였으나 오곡에서 패배를 당하고 2천 명이 전사한 끝에 철군하고 말았다. 백제군은 오곡전투에서 참담한 패전을 당한 데 그치지 않고 한강 유역마저 상실한 채 안성천 이남지역으로 물러났다.

동성왕과 무령왕 2대에 걸쳐 온갖 어려움을 무릎 쓰고 달성한 북벌은 물거품으로 돌아가고 말았다. 양국 사이에 한강 유역을 비롯하여 한반도 중부지역의 패권을 둘러싸고 전개된 공방전은 고구려의 승리로 돌아갔다.

한편 신라의 비약적 성장과 발전도 성왕에게 큰 충격을 주

에 이르러 江華縣이 되었다. 또한 그 최초 지명이 '穴口' 또는 '甲比古次'로 모두 우리말의 '갑곶'을 표기한 것이다.
6) 『三國史記』권37, 雜志6, 地理4 漢山州.
7) 『三國史記』권26, 百濟本紀4, 聖王 4年.

었다. 신라의 법흥왕은 적극적인 남진정책을 펼쳐 532년에 금관가야를 복속하였다. 성왕은 대가야가 백제의 가야지역 진출에 반발하여 신라에 접근한 데 이어, 금관가야마저 신라에 복속되자 당황하였다.

성왕은 신라의 팽창에 맞서 530년(동왕 9)에 함안의 안라가야에 군령郡令과 성주城主를 파견하여 가야지역 지배의 거점을 확보하였다.[8] 또한 성왕은 함안의 안라가야와 고성의 소가야 등을 장악하면서 고령의 대가야를 압박하였다.

백제와 신라는 각각 함안의 안라가야와 고령의 대가야를 앞세워 가야지역을 장악하기 위하여 치열한 대립을 펼쳤다. 성왕은 북방에서는 고구려에 밀려 고전을 면치 못하고, 백제가 어려울 때 공동으로 군사작전을 수행하던 가야의 여러 나라로 신라가 진출하자 근본적인 대책 마련에 나서게 되었다.

성왕이 처한 어려움을 보여주듯이 백제본기의 성왕 10년 조와 12년 조에는 이상스런 별자리의 움직임에 대한 기록이 남아 있다. 성왕 10년(532)에는 별이 비 오듯이 떨어졌고, 12년에는 형혹성熒惑星이 남두 성좌를 점하였다.[9]

형혹성은 별의 출몰이 무상하여 사람을 헷갈리고 의혹스럽게 한다고 여겼기 때문에 붙여진 이름이다. 형혹성은 지금은

---

8) 『日本書紀』권17, 繼體紀 25年 12月.
9) 『三國史記』권26, 百濟本紀4, 聖王 12年.

고령 지산동 대가야 고분군 전경
고령은 삼국시대에 대가야가 위치했던 지역으로서 당시의 무덤들이 많이 남아 있다. 그 중에서 지산동고분군이 무덤의 입지나 규모 면에서 중심적인 위치를 차지하고 있기 때문에 대가야 최고지배자들의 무덤으로 판단된다. 백제는 성왕 때에 대가야를 장악하여 고구려와 신라 공격에 병력을 동원하였다.

화성으로 불리는데 전쟁, 질병, 기아 등의 재앙을 일으키는 불길한 별로 간주되었다. 형혹성의 출몰에 대한 기록은 백제가 처한 어려운 현실을 반영하고 있다.

성왕은 고구려의 한강 유역 장악과 신라의 가야지역 진출 등으로 조성된 난관을 돌파하고자 538년(동왕 16) 사비 천도를 단행하였다.[10] 백제를 포함하여 어느 나라든지 왕도를 옮기

....

10) 『三國史記』권26, 百濟本紀4, 聖王 16年.

는 일은 전란 등으로 인하여 강요된 경우가 아니면 기득권 세력의 강력한 저항을 받기 때문에 쉬운 일이 아니었다.

신라는 통일 후 경주를 벗어나 달구벌로 천도하려다 실패하였고, 고구려의 장수왕은 평양 천도를 반대하는 집단을 무력을 동원하여 제압한 후 남으로 내려왔다. 따라서 성왕의 사비 천도 계획에 대하여 반대하는 사람들도 적지 않았을 것이다.

그러나 성왕은 대외적 위기에서 파생된 시련에도 불구하고 강력한 왕권을 바탕으로 국정을 장악하고 있었기 때문에 천도를 단행할 수 있었다. 또한 천도를 반대한 사람들도 웅진과 사비가 비교적 가까운 거리였기 때문에 국난 극복과 중흥의 토대를 마련하자는 성왕의 취지에 적극적인 반대 의사를 표명하기 어려웠다.

백제의 귀족세력들은 웅진을 비롯하여 수도 인근에 자신들의 세력 근거지를 두고 있었다. 수도 웅진에는 백씨가 한성시대부터 자리를 잡았고,[11] 사씨의 경우는 부여지방을 근거지로 하였다.[12] 연씨는 온양의 탕정성[13] 또는 그 부근의 대두산성

---

11) 李基白, 1978, 「웅진시대 백제의 귀족세력」, 『백제연구』9, 7~10쪽.
12) 盧重國, 1978, 앞의 글, 98~100쪽.
13) 李基白, 1982, 앞의 글, 40~41쪽.
   俞元載, 1992, 「백제 탕정성 연구」, 『백제논총』3, 72~80쪽.

일원,[14] 목씨는 아산만 일대에 근거지를 두고 있었다.

　귀족세력은 사비와 웅진이 지리적으로 가깝기 때문에 수도를 옮겨도 자신들의 근거지 유지와 운영에 별다른 문제가 없었다. 웅진에 근거지를 둔 백씨를 제외하고는 천도에 적극적인 반대를 하지 않았다. 성왕은 사비에 근거를 둔 사씨 집단의 적극적인 도움을 받아 천도를 단행하였다.

　성왕은 천도 후 국정의 제반 분야에 걸친 일대 혁신을 단행하였다. 성왕은 사비 천도를 계기로 하여 백제의 면모를 일신하여 중흥의 토대를 마련하였다. 성왕은 국정쇄신을 단행한 후 영토확장에 적극적으로 나서게 되었다. 성왕은 고구려와의 전쟁에 승리하여 실지를 회복하는 것을 중요한 국정운영의 목표로 삼았다.

　그러나 국정 쇄신과 국력 회복에도 불구하고 북진은 결코 쉬운 일이 아니었다. 성왕은 사비 천도 이후에도 고구려와 전쟁에서 주도권을 장악하지 못하였다. 성왕은 신라를 포함하여 가야와 왜국을 끌어들여 전력의 열세를 만회하려고 하였다.

　성왕은 가야의 병력은 백제군의 지휘체계 아래로 편입하였고, 신라는 별도로 독자적인 부대를 편성하여 각각 한강 하류 지역과 상류지역으로 진격할 것을 합의하였다. 제라연합군은 고구려가 돌궐과 긴장관계가 조성된 틈을 이용하여 어렵지 않

....

14) 盧重國, 1978, 앞의 글, 102쪽.

게 한강 유역을 점령하였다. 고구려는 왕위계승을 둘러싸고 내란상태에 있었을 뿐만 아니라 북제北齊의 위협과 돌궐의 팽창에 대처하기 위하여 서북방에 전력을 집중하였다.[15]

성왕은 고구려가 내우외환의 후유증에서 벗어나지 못하고 전력戰力이 남북으로 분산되자 적극적인 공세를 취하였다. 제라연합군의 한강 유역 공략에 대하여 『일본서기』 흠명기欽明紀 12년 조에는 성왕이 직접 신라와 가야의 병력을 이끌고 고구려를 정벌하여 한강 하류지역을 차지한 것으로 되어 있다.

성왕은 제라동맹군을 이끌고 한성을 회복한 후 한강을 건너 남평양을 장악하고 6군을 회복하였다. 그러나 『삼국사기』 거칠부居柒夫 열전에는 백제 사람들이 먼저 평양을 격파하였음을 보여준다. 그 다음에 신라는 승세를 타고 거칠부 등이 죽령 바깥, 고현高峴(철령) 이내의 10군을 차지하였다.[16]

성왕은 여기에 그치지 않고 고구려에 대한 공세를 지속하여 마식령산맥과 예성강을 넘어 황해도 깊숙이 진격하여 백제 전성기 때의 영역을 회복하려고 하였다. 백제가 예성강을 건너 황해도지역으로 북진하기 위해서는 신라의 협조가 필수적이었다.

----

15) 李龍範, 1959, 「고구려의 요서진출기도와 돌궐」, 『사학연구』 4 / 盧泰敦, 1984, 「5-6세기 동아시아의 국제질서와 고구려의 대외관계」, 『동방학지』 44, 연세대동방학연구소.
16) 『三國史記』 권44, 列傳4, 居柒夫.

그러나 신라는 백제의 제안을 거부하고 성왕의 계획을 고구려에 통보하고 말았다. 진흥왕은 한강 상류지역을 확보한 것에 만족하지 않고, 백제가 회복한 지역마저 차지하려고 하였다. 진흥왕은 고구려와 밀약을 맺고 백제가 차지한 지역을 도모하였다.[17]

신라는 고구려와 군사행동을 같이 하면서 한성을 포함하여 그 이남지역을 차지하였다. 백제는 신라의 불의의 공격을 받고 한강 하류지역에서 물러나게 되었다. 이로써 성왕의 북벌은 물거품으로 돌아가고 딸을 신라 진흥왕에게 보내는 등 굴욕을 감수하였다.[18]

백제는 예성강 계선에서 밀려났을 뿐만 아니라 한강 하류지역을 잃고 100년 이상 동안 유지된 제라동맹마저 붕괴되었다. 성왕은 한강 유역을 되찾기 위한 절치부심 끝에 554년 가을에 군대를 일으켰다. 그러나 성왕의 신라에 대한 보복은 쉽지가 않았다. 백제는 신라와 고구려가 밀약을 맺은 후 군사 행동을 같이 하고 있었기 때문에 두 방면의 적과 대치하였기 때문이다.

성왕은 신라에 대한 공격을 앞두고 553년에 먼저 고구려를 공격하였다.[19] 성왕이 한강 이북지역으로 군대를 파견한 목적

....
17) 『日本書紀』권19, 欽明紀 13年 5月 戊辰.
18) 『三國史記』권4, 新羅本紀4, 眞興王 14年.
19) 『日本書紀』권19, 欽明紀 14年 冬 十月.

남쪽에서 바라본 관산성 전경

은 영토 확장에 있지 않았다. 성왕은 고구려와 신라의 군사적인 결합을 견제하고 그 실상을 파악하기 위하여 군대를 파견하였다. 성왕은 신라와 고구려가 밀약을 맺고 백제에 공동으로 대처하고 있는 사실을 알고 있었다.

성왕은 433년 이래 120년 이상의 오랜 기간 동안 동맹관계를 유지하였던 신라를 아직 적으로 돌리지 않고 난국을 타개하려고 하였다. 성왕이 딸을 진흥왕에게 보내 소비小妃로 삼게 하는 굴욕을 감수한 사실은 이를 증명한다. 백제군이 한강을 건너 북상하기 위해서는 신라의 지원 또는 묵인이 필요하였다.

신라는 백제군이 고구려군을 격파하여 전쟁의 주도권을 장악하자 견제하지 않을 수 없었다. 신라는 백제의 지원 요청을 묵살하고 고구려와 밀착하는 방향을 선택하였다. 성왕은 백합야새 전투에서 승리하여 고구려를 북으로 밀어 냈으나, 신라군이 출동하여 별다른 성과를 거두지 못하고 철수하였다.

성왕은 두 차례에 걸친 신라의 결정적인 배반에 분격하여 대규모 원정군을 일으키게 되었다. 성왕의 신라 공격은 백합야새 전투가 끝난 다음 해인 554년에 일어났다. 성왕의 신라 공격은 백제군 외에 대가야 및 바다 건너의 왜군도 상당수 동원되었다.

성왕이 왜국에 병력 파견을 요청하자 왜왕 흠명欽明은 내신內臣으로 하여금 수군을 거느리고 백제로 건너가게 하였다. 성왕의 신라 공격은 왜군과 가야군이 도착한 후 전열을 정비하여 가을의 문턱에 접어든 음력 7월에 개시되었다.

성왕은 신라가 차지한 한강 하류지역을 곧바로 공격하지 않고, 태자 여창의 지휘 아래 충북 옥천에 위치한 관산성 방향으로 군대를 진군시켰다. 관산성은 신라가 금강을 건너 백제군을 밀어내고 차지한 후 최전선의 전초기지 역할을 하였다. 관산성에 주둔한 신라군도 그 인근의 산성과 연결하여 완강하게 저항하였으므로 일진일퇴의 공방전이 지속되었다.

성왕은 후방에 머물고 있다가 전쟁이 소강상태로 접어들자 고구려의 동향에 촉각을 기울이게 되었다. 성왕이 신라 공격을 준비할 때 국내의 기로耆老들은 천시天時가 불리한 점을 들어 반대하였다.[20] 기로들은 고구려와 신라가 군사행동을 같이 하고 있는 사실을 지적하였다. 또한 백제가 가을에 군사를 동원하고 있기 때문에 겨울이 다가오면 계절적인 어려움에 직면할 수 있다는 우려를 표명하였다.

성왕은 그들의 반대를 무릎 쓰고 태자 여창에게 군대를 주어 관산성 공격에 나서게 하였다. 백제의 3만을 헤아리는 대규모 원정군의 공격에 맞서 신라가 관산성을 사수하면서 상주와 신주의 병력을 동원함으로써 양군은 호각지세를 이루게 되었다. 양군의 대결은 7월에 시작되어 12월로 접어들면서 지구전의 대결양상을 띠게 되었다.

성왕은 후방에 머무르면서 백제군의 공격을 독려하다가 태자 여창을 위로하고 전선을 시찰할 목적으로 친위군을 이끌고 관산성으로 향하였다. 성왕은 보병과 기병 50명을 이끌고 오다가 관산성 부근의 구천狗川에서 신라의 복병을 만나 죽임을 당하였다.[21]

성왕은 삼년산군(충북 보은) 출신의 고도가 펼친 복병의 함정에 빠져 사로잡혔다. 왕이 근위대를 이끌고 관산성으로 향하고 있다는 소식을 접하고, 구천狗川에 매복하여 있다가 성왕이 이르자 사로잡아 시해하였다. 『일본서기』 흠명기欽明紀[22]에는 성왕의 최후 순간을 다음과 같이 전하고 있다.

....
20) 『日本書紀』권19, 欽明紀 15년 冬 12月.
21) 『三國史記』권4, 新羅本紀4, 眞興王 15年.
22) 『日本書紀』권19, 欽明紀 15年 冬 12月.

신라가 명왕이 친히 온다는 소문을 듣고서 모든 국중의 병사를 징발하여 길을 끊고서 공격하여 격파하였다. 이 때 신라가 좌지촌의 말을 키우는 노예인 고도에게 말하여 가로대 '고도는 천한 노예이고, 명왕은 이름 있는 임금이다. 지금 천한 노예로서 이름 있는 임금을 죽이면 후세 사람들의 입에 잊혀지지 않을 것이다' 하였다. 이에 고도가 명왕을 사로잡아 재배하면서 말하기를, '왕의 머리를 참하겠습니다' 하였다. 명왕明王이 '왕의 머리를 노奴의 손에 줄 수가 없다'고 하니, 고도苦都가 '우리나라의 법에는 맹세한 것을 어기면 비록 국왕이라 하더라도 노奴의 손에 죽습니다'라고 하였다(다른 책에는 '명왕이 호상胡床에 걸터 앉아 차고 있던 칼을 곡지谷知에게 풀어주고 베게 했다'고 하였다). 명왕이 하늘을 우러러 크게 탄식하고 눈물을 흘리며 허락하기를 '과인이 생각할 때마다 늘 고통이 골수에 사무쳤다. 돌이켜 생각해 보아도 구차히 살 수는 없다' 라 하고 머리를 내밀어 참수당했다. 고도는 머리를 베어 죽이고 구덩이를 파서 묻었다(다른 책에는 '신라가 명왕의 두골은 남겨두고 나머지 뼈를 백제에 예를 갖추어 보냈다. 지금 신라왕이 명왕의 뼈를 북청北廳 계단 아래에 묻었는데, 이 관청을 도당都堂이라 이름 한다'고 하였다).

성왕이 시해를 당한 구천은 옥천 삼거리 서쪽인 군서면 월전리의 서화천이 굽이쳐 흐르는 구진베루 일대였으며, 월전리의 협곡을 구천 혹은 구전, 구진벼랑으로 부른다. 성왕은 적군에 사로잡혀 목을 베이는 운명에 처했지만 일세를 풍미한 영웅답게 목숨을 구걸하지 않고 장렬한 최후를 맞이하였다.

백제군은 성왕의 갑작스런 전사로 말미암아 사기가 크게 떨어져 일시에 전세가 기울고 말았다. 신라군은 승세를 타고 여창이 머무르고 있던 진지를 포위하였으며, 백제군은 포위망을 빠져 나오기에 급급하였다. 위덕 태자를 비롯한 백제군의 위급 상황에 대해 『일본서기』 흠명기欽明紀[23])에는 다음과 같이 기록되어 있다.

여창은 포위당하자 빠져 나오려고 하였으나 나올 수 없었는데 사졸들은 놀라 어찌할 줄 몰랐다. 활을 잘 쏘는 사람인 축자筑紫 국조國造가 나아가 활을 당겨 신라의 말을 탄 군졸 중 가장 용감하고 씩씩한 사람을 헤아려 쏘아 떨어뜨렸다. 쏜 화살이 날카로워 타고 있던 안장의 앞뒤 가로지른 나무를 뚫고, 입고 있던 갑옷의 옷깃을 맞추었다. 계속 화살을 날려 비가 오듯 하였으나 더욱 힘쓰고 게을리 하지 않아 포위한 군대를 활로 물리쳤다. 이로 말미암아 여창과 여러 장수들이 샛길로 도망하여 돌아 왔다.

....
23) 『日本書紀』권19, 欽明紀 15年 冬 12月.

백제는 성왕과 4명의 좌평을 비롯하여 2만 9천 6백 명이 전사당하는 대패를 당하고 말았다. 관산성 전투의 패전은 동성왕 이후 성왕 때까지 유지되었던 왕권중심의 정치체제가 귀족중심의 정치운영으로 전환되는 계기가 되었다.
　또한 지난 1세기 이상 신라와 맺어왔던 제라동맹은 완전히 결렬되고, 양국은 적대적인 관계로 돌아서 백제가 멸망할 때까지 지속된 백년전쟁이 시작되었다.

2. 위덕왕의 집권과 귀족연립정권의 성립

성왕이 구천에서 전사하자 태자 여창이 왕위에 올라 위덕왕이 되었다. 위덕왕은 성왕의 맏아들로 이름이 창昌이었으며, 554년에 30세의 나이로 즉위하여 598년에 사망할 때까지 45년 동안 왕위에 있었다. 위덕왕은 성왕이 즉위한 다음해인 524년에 출생하여 줄곧 부왕의 관심과 애정 속에서 군왕의 덕목을 익혀왔다.

위덕왕은 성왕 말기에 태자 자격으로 노쇠한 부왕을 대신하여 군사업무에 종사하였다. 그는 553년에는 백합야새에서 고구려군을 대파하였고, 554년에는 대군을 휘몰아 관산성 전투에 참여하는 등 군사업무를 중심으로 국정운영에 깊이 관여하였다. 위덕왕의 태자 시절의 활약은 근초고왕의 태자였던 근구수의 빛나는 군공에 필적할 만큼 뛰어난 것이었다.

그럼에도 불구하고 위덕왕은 부왕의 전사 이후 왕위계승 과정에서 많은 시련과 어려움을 겪었다. 백제본기에는 성왕이 전사하자 곧바로 위덕왕이 즉위한 것으로 되어 있다. 그러나 『일본서기』에 의하면 성왕이 554년에 전사한 3년 후인 557년에 여창이 왕위를 계승하여 위덕왕이 된 것으로 기록되어 있다.[24]

....
24) 『日本書紀』권19, 欽明紀 18年 春 3月.

성왕이 죽은 후 위덕왕이 왕위에 오를 때까지 3년 동안의 공위기간空位期間이 있었다. 그 이유는 관산성 패전 이후 백제 지배층 내에서 왕위계승을 둘러싼 갈등이 있었기 때문이었다.[25] 위덕왕은 관산성 전투를 실질적으로 이끌었기 때문에 패전의 책임을 면할 수가 없었다.

위덕은 왕위에 오르지 못한 상태에서 여러 신하들에게 사문沙門에 출가出家할 것을 표명할 만큼 지위가 위태로웠다.[26] 귀족세력들은 전투의 패배가 자신들의 말을 듣지 않았기 때문에 초래되었음을 각인시키면서 위덕에게 책임을 추궁하였다. 귀족들의 반대 의견을 물리치고 정토군을 일으키는 데 적극적인 소임을 한 사람이 바로 위덕왕 자신이었기 때문이다.

위덕왕은 관산성 패전에 대한 귀족들의 책임 추궁을 받아 정치적으로 곤경에 빠지게 되었고, 그 반면에 귀족세력의 정치적 발언권이 증대되었다. 백제는 왕위가 3년간 궐위되어 귀족을 중심으로 국정이 운영되는 연립정권이 출현하였다.[27]

위덕왕이 태자 자격으로 국정운영에 참여하였지만 입지가 협소하여 귀족세력의 영향력이 훨씬 강하였다. 또한 위덕왕은 여러 전투에 참여하면서 생사고락을 같이 하였던 대다수의 측

---

25) 盧重國, 1988, 앞의 책, 181쪽.
26) 『日本書紀』권19, 欽明紀 16년 8월.
27) 盧重國, 1988, 위의 책, 183쪽/金周成, 1990, 「백제 사비시대 정치사 연구」, 전남대 박사학위논문.

근들이 관산성 전투에서 사망하여 믿고 의지할 인물들이 별로 없었다.

위덕왕은 부왕의 사망 이후 왕위에 오르지 못하였고 측근들은 대다수 전사하여 고립무원에 처해 있었다. 그 반면에 귀족세력들은 권력을 장악하여 국정운영을 농단하면서 위덕왕을 압박하였다. 또한 위덕왕은 패전 책임과 함께 3만을 헤아리는 병력을 관산성 전투에서 잃었기 때문에 백성들의 지지마저 받기 힘들었다.

위덕왕은 3년 동안의 공위기간을 끝마치고 겨우 왕위에 오를 수 있었다. 위덕왕은 귀족세력들의 기득권을 수용하여 연립체제를 인정하는 굴욕을 감수하고 즉위하였다. 위덕왕은 즉위 후 국정 안정과 왕권의 위상을 높이기에 여러 가지 노력을 기울였다.

위덕왕은 오제신五帝神과 구이묘仇台廟에 대한 정기적 제의祭儀와 국사편찬을 통하여 왕실의 권위를 고양시키려고 하였다.[28] 그러나 위덕왕의 노력에도 불구하고 왕권의 위상은 고양되지 못하였고, 백제는 장기간 침체상태에 놓였다.

위덕왕의 45년에 걸친 치세는 고구려, 신라 양국과 큰 충돌

---

28) 梁起錫, 1990, 「백제 위덕왕대 왕권의 존재형태와 성격」, 『백제연구』21/申瀅植, 1992, 『百濟史』, 이화여자대학교 출판부, 69쪽/金壽泰, 1998, 「백제 위덕왕대 부여 능산리 사원의 창건」, 『백제문화』 27.

없이 평화를 구가한 시기였다. 위덕왕의 치세 동안 신라와 3차례, 고구려와 2차례의 전쟁을 치른 것을 제외하고는 거의 충돌이 없었다. 위덕왕 때에 정국을 주도한 것은 국왕이 아니라 적극적인 대외정책보다는 현상유지를 원하는 귀족세력들이었다.

백제는 위덕왕 때에 전쟁이 줄어들어 왜국에 대한 청병이 필요 없게 되었다. 이를 반증하듯이 위덕왕 때는 왜국에 사절을 파견한 횟수가 대폭 감소하였다. 그 반면에 신라와 고구려는 전대에 비하여 대왜관계가 빈번해졌고, 백제에 비하여 사절의 파견도 훨씬 많았다.

위덕왕은 왕위에 오른 후 왜국에 6차례에 걸쳐 사절을 파견했는데, 고구려가 파견한 5차례와 비슷하며 신라가 파견한 11차례에 비해서는 적은 횟수였다. 위덕왕 때에 백제와 왜국의 관계가 상대적으로 소원해진 것은 삼국 사이에 전란이 줄어들면서 왜군의 효용가치가 떨어졌기 때문이었다.

왜국도 560년에 사절로 파견된 신라의 미지기지彌至己知에게 성대한 연회를 베풀어주었다. 관산성의 전투 이후 삼국과 왜국의 대외관계 양상은 변화되고 있었다. 그러나 왜국은 난파難波의 대군大郡에서 여러 나라 사절들의 서열을 매겼는데, 신라의 사신을 백제의 아래쪽에 서게 하였다.[29] 이는 왜국이 신라

---

29) 『日本書紀』권19, 欽明紀 22年 秋 9月.

에 비하여 백제를 우대하는 외교정책을 계속 펼쳤음을 의미한다.

그 대신에 위덕왕은 전대와는 비교가 되지 않을 정도로 대중외교에 적극적이었다. 위덕왕은 근초고왕이 추진한 동진東晋과의 교섭 이래 2백년 가깝게 역대 국왕들이 남조南朝를 중심으로 하였던 관례를 깨고 북조北朝에 대해서도 외교교섭을 시도하였다.

백제가 북조와 교섭관계를 맺은 것은 개로왕이 북위北魏에 청병請兵을 위해 사절을 파견한 것을 제외하고는 전례 없는 일이었다. 그는 재위 14년(567)부터 시작하여 사망할 때까지 약 30여 년 동안 13회에 걸쳐 진陳, 남제南齊, 북제北齊, 북주北周, 수隋 등에 사절을 파견하였다.

위덕왕은 남북조의 여러 왕조와 외교관계를 맺어 고구려와 신라를 견제하면서 위기극복을 꾀하였다. 위덕왕이 여러 중국 왕조와 적극적으로 외교관계를 맺은 것은 관산성 패전 이래 크게 실추된 왕권의 권위를 회복하려는 의도도 없지 않았다. 위덕왕대 백제의 대중교섭은 군사와 외교 및 정치적인 측면만 강조된 것은 아니었다.

백제는 북조의 여러 국가와 교섭을 통해 학문·사상·기술·정치이념 등 다양한 선진 문화를 수용하였다. 위덕왕은 8대성大姓 귀족세력을 제압하여 지배체제를 정비해야 할 처지에 놓여 있었다. 위덕왕은 위진시대魏晋時代 이래의 귀족주의를 배격하고 주대周代의 고제古制로 돌아가려는 정치의 기본방향을 채택하고 있던 북주北周의 정치체제에서 시사를 받기도 하였

다.30)

　또한 위덕왕은 수隋가 581년에 건국되자 삼국 중 가장 신속하게 사신을 파견하였고, 고조高祖는 위덕왕을 책봉함으로써 답하였다. 위덕왕은 불과 석 달 뒤인 582년 정월에 다시 수에 사신을 파견하였다. 이렇듯 위덕왕은 백제의 전통적인 남조 중심의 대중외교를 탈피하여 북조 중심의 외교정책을 펼쳤다.

　위덕왕의 재위 기간 동안 오랜 평화를 누리던 삼국은 589년에 분열된 중국대륙을 수隋가 통일하면서 소용돌이에 휩싸이게 되었다. 위덕왕은 수가 진을 평정한 589년에 중국의 전선 한 척이 제주도에 표착했다가 귀국길에 백제의 해안을 통과할 때 편의를 제공하였다.

　위덕왕은 그들이 귀국할 때 함께 사절을 보내 진나라 평정을 축하하였다. 수나라의 문제文帝는 크게 만족하여 굳이 매년 사신을 보내지 않아도 좋다는 선심을 쓸 정도로 만족하면서 우호관계를 기약하였다.31) 위덕왕이 598년에 장사長史 왕변나王辯那를 수나라에 보내 조공한 것은 주목할 만한 일이었다.

　위덕왕은 수가 요동에서 전쟁을 일으킨다는 소식을 듣고, 사신을 보내 표를 올려 정벌군의 길잡이가 되기를 청하였다.32)

………
30) 李基東, 1990,「백제국의 정치이념에 대한 일고찰」,『진단학보』69.
31)『隋書』권81, 列傳46, 東夷 百濟.
32)『三國史記』권27, 百濟本紀5, 威德王 45年.

능사 목탑지에서 출토된 창왕 사리감(국립부여박물관)

위덕왕은 수가 중국 대륙을 통일하여 고구려에 압박을 가하자 내응을 하였다. 위덕왕은 독자적으로 고구려에 맞서 싸우기에는 국력이 미치지 못하였기 때문에 수와 공조관계를 모색하였다.

고구려는 수가 건국된 이후 사절을 파견하는 등 한 동안 원만한 관계를 유지하였다. 수나라는 그동안 명분으로만 존속해 오던 중화질서의 개념을 현실적으로 실현코자 했으며, 고구려가 맞서면서 양국은 대립관계로 접어들었다.

고구려가 598년에 요서지역을 공격하면서 양국의 전쟁이 시작되었다. 고구려의 공격은 영주자사 위충韋冲의 효과적인 방어에 의해 실패로 끝나고, 수나라 문제가 다음 해에 30만 대군을 보내 포문을 열면서 양국은 본격적인 대회전을 펼치게 되었다.

또한 고구려는 백제가 수와 내통하고 있다는 소식을 듣고 군사를 보내 국경에 쳐들어 와서 약탈을 자행하였다. 위덕왕은 동북아 정세가 급변하고 있던 와중에 74세의 나이로 숨을 거두었다.

3. 대륙정세의 변화와 연이은 정변의 발생

위덕왕이 598년에 사망하자 성왕의 둘째 아들 혜왕이 왕위에 올라 2년 동안 재위에 있었다. 위덕왕은 후사後嗣가 없었기 때문에 동생 혜왕이 즉위하였다. 그러나 『일본서기』 추고기推古紀에는 위덕왕이 597년에 왕자 아좌阿佐를 왜국에 파견한 기사[33]가 남아 있기 때문에 후사 여부는 속단할 수 없다.

왜국에 파견된 아좌가 위덕왕과 성왕 중에서 누구의 왕자인지는 불분명하다. 그러나 위덕왕이 왕위에 있었으므로 성왕의 왕자였다면 아좌는 왕제王弟로 기록되어야 한다. 아좌는 위덕왕의 아들로 추정되며, 왜국으로 건너가 왜왕 숭준崇峻의 둘째 아들 성덕태자聖德太子의 스승이 되었다.

위덕왕이 70세를 넘겨 언제 사망할지 모르는 상황에서 차기 왕위계승자인 아좌를 왜국에 파견한 것은 수의 건국을 전후하여 대외상황이 악화되고 있었기 때문이다. 백제가 왜국으로 태자 등의 최고위급 인물을 파견한 것은 왕실외교를 전개하면서 주로 청병 등을 위한 목적 때문이었다.[34]

위덕왕은 왜국과 우호관계를 도모하고 만일의 경우 왜군을 끌어들이기 위하여 아좌를 파견하였다. 아좌가 왜국으로 건너

---

33) 『日本書紀』 권22, 推古紀 5年 夏四月.
34) 梁起錫, 1981, 앞의 글.

간 이듬해에 위덕왕이 74세의 나이로 죽자, 혜왕이 왕위를 계승하였다. 위덕왕이 사망한 후 아좌의 귀국을 기다리지 않고 혜왕이 왕위에 오른 것이다.

백제는 일찍이 아신왕의 사후 왜국에 파견된 태자 전지가 귀국하여 왕위에 오른 전례가 있었다. 그러나 위덕왕이 사망하자 태자 아좌의 귀국을 기다리지 않고 혜왕이 곧바로 즉위한 이변이 발생하였다. 위덕왕이 죽은 후에 동생 혜왕이 즉위한 것은 모종의 정변이 발생하였을 가능성을 보여준다.

위덕왕 말년에 발생한 정변은 고구려와 수의 대립에 개입하여 군도軍道를 자처하는 등 적극적인 대외정책을 펼친 것에 대한 왕족과 귀족세력의 반발로 생각된다. 혜왕과 귀족세력은 위덕왕이 여수전쟁麗隋戰爭에 개입한 것을 빌미로 삼아 고구려가 군사를 보내 국경에 쳐들어 와서 약탈을 자행하는 사태가 발생하자 우려를 표명하였다.

이들은 성왕이 추진한 관산성 전투에 태자였던 위덕왕이 국내의 반대여론을 무시하고 앞장서서 출전하였다가 대패를 당한 뼈아픈 기억을 떠올렸다. 귀족세력은 정변을 일으켜 위덕왕을 폐위시키고 혜를 옹립하였다.

그러나 경험이 많고 노련한 혜왕이 귀족세력을 끌어 들인 후 거사를 일으켜 즉위했을 가능성도 없지 않다. 위덕왕은 즉위할 무렵 곤경에 처했을 때 왕위계승에 위협을 느끼고 동생 혜왕을 왜국으로 보내기도 하였다.[35]

혜왕은 오랫동안 위덕왕에 반감을 갖고 있었지만 왕권에 도전하기 쉽지 않았고 명분도 부족하였다. 혜왕은 수나라의

239

건국 이후 국제정세가 급변하는 와중에 위덕왕의 전쟁 개입과 전란의 피해가 백제에 미친 점을 들어 정변을 일으켜 즉위하였다.

위덕왕을 폐위하고 왕위에 오른 혜왕의 치세는 단지 1년에 그쳤다. 혜왕이 노년에 즉위하였기 짧은 기간 동안 왕위에 있다가 사망한 것으로 추정된다. 그러나 혜왕은 자신이 일으킨 정변의 여파로 말미암아 즉위 후 얼마 되지 않아 살해되었을 가능성도 없지 않다.

혜왕이 사망한 후 왕위는 그의 아들인 법왕에게 돌아갔다. 법왕은 왕위에 오른 후 민간에서 기르는 매와 새를 놓아 주고, 고기 잡고 사냥하는 도구들을 태워버리라는 명을 내렸다. 또한 왕흥사를 창립하고 스님 30명에게 도첩을 주기도 하였다.[36]

법왕은 피비린내 나는 정변이 연이어 발생하면서 민심이 흉흉해진 것을 치유하고자 살아 있는 생명체에 자비를 베풀고 불교에 크게 의지하였다. 법왕 역시 불운하게도 즉위한 다음 해에 사망하였다. 법왕의 단명은 자연스러운 죽음이 아니라 계속되는 정변과 연결되었을 가능성이 높다.[37]

혜왕과 법왕의 단명은 왕권강화를 추구하는 과정에서 살해

---

35) 『日本書紀』권19, 欽明紀 16年 春 2月.
36) 『三國史記』권27, 百濟本紀5, 法王 2年.

된 것으로 판단된다. 백제는 위덕왕 말기에 이르러 대륙정세가 급변하는 가운데 연이어 정변이 발생하여 3명의 국왕이 희생되는 불운을 겪게 되었다.

위덕왕의 즉위 이래 왕권의 위상과 권위가 추락한 상태에서 귀족들의 연립체제가 유지되었기 때문에 초래된 참극이었다. 또한 왕위를 둘러싸고 위덕왕과 혜왕 사이에 발생한 왕실의 분열도 정변 발생의 다른 배경으로 들 수 있다.

....
37) 혜왕과 법왕의 단명이 왕권을 강화하려는 적극적인 노력으로 인한 정쟁으로 왕이 살해된 것으로 보는 견해도 있다(盧重國, 1988, 앞의 책, 194~197쪽).

4. 무왕의 집권과 왕권의 회복

법왕이 600년에 사망하자 몰락한 왕족 출신의 무왕이 왕위에 올랐다. 무왕은 궁궐 밖에서 홀어머니의 손에서 자라나며 마를 캐서 생활할 만큼 힘들게 성장하였다. 무왕의 생몰 연대와 즉위할 때의 나이는 사료가 남아 있지 않아 잘 알 수 없다.

다만 무왕의 손자이며 의자왕의 큰 아들인 부여융이 615년에 태어난 사실을 전하는 '부여융묘지명'을 통해 유추할 수 있을 따름이다. 무왕과 의자왕 및 부여융으로 이어진 3대의 출생은 40~50년 정도 소요되었을 가능성이 높기 때문에, 무왕은 565~575년 사이에 출생한 것으로 판단된다.

무왕은 30세를 전후한 나이에 왕위에 올라 641년에 사망할 때까지 오랜 기간 동안 통치하였다. 무왕이 태어난 곳은 수도 사비가 아니라 익산의 마룡지 부근으로 알려져 있다. 무왕은 늙은 노모와 의자를 비롯한 가족들과 익산에서 살다 왕위에 추대되어 사비로 올라왔다.

무왕의 왕위계승이 평탄치 않았음을 반영하듯이 그의 출생 내력도 기록에 따라 차이를 보이고 있다. 『삼국사기』와 『삼국유사』에는 무왕이 법왕의 아들이라고 하였고, 『수서隋書』 등의 중국 사서에는 위덕왕의 아들로 기록되어 있다.

『삼국유사』 등의 기록을 따를지라도 무왕은 사비도성 안에서 자라난 보통 왕족과는 성장 과정이 크게 달랐다. 무왕은 궁궐에서 사라시 못하고 밖에서 성장한 이질적인 존재였다. 다만 그는 부친이 용으로 표현되는 것으로 볼 때 왕족 출신으로

익산 마룡지
익산 쌍릉에서 조금 떨어진 마을 옆의 논 가운데에 용샘으로 불리는 마룡지가 위치한다. 백제 무왕의 어머니가 용샘 옆에 혼자 살면서 용과 인연을 맺어 서동을 낳았다는 전설이 전해진다.

생각된다. 무왕은 어머니가 서울의 남지南池 연못 둑에 집을 짓고 혼자 살았는데, 그 연못의 지룡池龍과 정을 통하여 낳은 인물이었다고 한다.[38]

백제의 왕실은 자기세력을 용으로 상징하였는데, 직계는 흑룡黑龍으로 방계傍系는 황룡黃龍으로 표현하였다.[39] 지룡池龍은

----

38) 『三國遺事』권2, 紀異2, 武王.
39) 盧重國, 1988, 앞의 책, 79쪽.

직계나 방계가 아닌 다른 왕족세력, 즉 몰락한 왕족을 의미한 것으로 보고 있다.[40]

따라서 무왕이 『수서隋書』 등의 기록과 같이 위덕왕의 아들이라는 사실을 주목할 필요가 있다. 무왕은 위덕왕이 죽고 그의 자손들이 혜왕과 그 추종세력들에 의하여 제거될 때 가까스로 죽음을 모면했을 가능성이 있다.

무왕은 혜왕과 법왕의 재위기간에 쫓기는 처지였으며, 마를 캐는 서동으로 행세하며 살았다. 무왕은 신분을 속이고 숨어서 비참한 삶을 영위하고 있다가 정변이 발생하여 법왕이 희생되자 궁궐로 돌아와 즉위하였다.

무왕의 이름은 장璋 또는 무강武康, 헌병獻丙, 일기사덕一耆篩德이라고 하였다.[41] 무왕은 재능과 도량이 헤아릴 수 없을 만큼 뛰어난 인물이었으며, 풍채와 거동이 빼어났고 기개가 호방하고 걸출하였다. 무왕은 왕위에 오른 후 사서史書의 평판답게 뛰어난 능력을 발휘하여 내분을 종식하고 무너진 왕실의 권위를 회복하는 데 주력하였다. 무왕이 왕위에 올라 만기를 총람하며 국정운영을 책임지게 되었지만, 집권 초반에는 실권 없는 상징적인 존재에 불과하였다. 무왕은 혜왕과 법왕의 집권에 맞서 정변을 주도한 일부 귀족집단에 의하여 옹립되었다.

---

40) 金秉南, 2004, 「백제 무왕대의 아막성 전투 과정과 그 결과」, 『전남사학』22, 112쪽.
41) 『三國遺事』권2, 紀異2, 武王.

정변의 주체들은 왜국에 머물고 있는 아좌의 귀국을 기다리지 않고 무왕을 추대하였다. 이들은 사비 왕도에 기반이 없는 무왕을 옹립하여 실권 없는 무력한 존재로 방치하고 국왕으로서 상징적인 위상만을 부여하였다.

백제는 위덕왕의 집권 이래 혜왕과 법왕을 거치면서 거의 50년 동안 귀족연립체제가 유지되었다. 국정운영의 실권은 귀족들의 수중에 장악되어 있었고, 왕권의 위상은 추락되어 정국 주도 능력을 상실하였다. 또한 위덕왕 말기에 이르러 대륙 정세의 변동과 더불어 연이어 정변이 발생하여 짧은 기간에 3명의 국왕이 희생되는 등 정국이 혼미한 상태에 있었다.

무왕은 위덕왕의 적자가 아닌 궁궐 밖에서 자라난 서자 출신으로 왕실의 방계였으며, 정변 주체들에 의해 옹립된 존재에 불과하여 왕권의 위상이 실추되고 권위가 부족하였다. 또한 백제의 근친 왕족은 잦은 정변으로 많은 희생을 당하였고, 서로 간에 파벌이 나뉘어져 갈등과 반목을 일삼으며 날카롭게 대립하였다.

무왕은 흉금을 터놓고 믿고 의지할 수 있는 가까운 왕족과 형제자매가 없었으며, 국왕의 후견자 역할을 해줄 수 있는 외척이나 처족 같은 든든한 배경도 없었다. 무왕은 실권이 없이 구중궁궐에 홀로 방치된 무력한 존재에 불과하였다.

또한 무왕은 궁궐 밖에서 홀로 자라났기 때문에 뛰어난 천품과 자질에도 불구하고 체계적인 교육과 양육을 받지 못하여 경륜과 식견이 부족하였다. 무왕이 권력을 자신의 수중에 장악하여 책임 있는 국정운영을 실시하기까지는 오랜 인고의 시간을 보내야 했다. 무왕은 고립무원의 상태에 있었기 때문에 실권 귀족세력과 맞서지 않고 기회를 기다리며 은인자중 하였다.

무왕은 내치보다는 외정을 통해 왕권의 위상을 높이려고 하였다. 무왕은 군비를 확장하고 국력을 정비하여 오랜 침묵에서 벗어나 대외팽창 정책을 활발하게 펼쳤다. 무왕은 잦은 정변으로 빚어진 민심 이반과 집권의 분열을 전쟁을 통해 수습하려고 하였다.

무왕은 전쟁을 승리로 이끌어 왕권의 위상을 높이고 정국을 주도하려고 하였다. 무왕은 관산성 전투의 패전 이후 교착상태에 빠진 돌파구를 남원 방향에서 소백산맥을 넘어 옛 가야지역에 진출하는 것으로 활로를 모색하였다.

무왕은 집권 3년째인 602년 가을에 남원시 운봉읍에 위치한 아막성 공격을 시작으로 신라에 대한 포문을 열었다.[42] 무왕은 신라의 진평왕이 기병을 보내 반격하고 소타 등 4성을 축조하는 등 적극 맞서자, 좌평 해수(解讐)에게 3만 대군을 주어 전투를 확대하였다. 해수는 백제군을 이끌고 운봉고원을 넘어 함양과 거창 및 산청 등지의 옛 가야지역을 석권하기 위하여 출병하였다.

백제는 신라의 적극적인 방어에 막혀 승리를 거두지 못했

----

42) 『三國史記』권27, 百濟本紀5, 武王 3年.

아막성으로 추정되는 성리산성 원경
성리산성은 둘레가 632m에 이르고, 동·서·북문 터가 남아 있다. 남쪽 성벽의 능선 연결 부분에는 못을 파서 물이 흐르도록 환호가 설치되었다.

지만 오랜 침체에서 벗어나 적극적인 대외정책을 펼치기 시작하였다. 무왕의 재위기간 동안 벌어진 전투에서 백제의 공격 횟수가 신라보다 많았던 것은 승세를 장악하였음을 의미한다.

백제와 신라는 아막성 전투를 계기로 무왕의 집권기 동안 치열한 격전을 치렀다. 무왕의 가야지역 진출은 소기의 성과를 거두지 못하고, 신라군의 반격을 받아 남원과 임실 및 장수 일대에서 일진일퇴의 공방전을 전개하였다.

무왕은 신라와 격전을 치르면서 동아시아의 양대 강국인 고구려와 수나라가 전쟁에 개입하여 실리를 추구하였다. 무왕은 607년에 한솔扞率 연문진燕文進을 수나라에 보내 조공하였고, 또한 좌평 왕효린王孝隣을 파견하여 함께 고구려를 칠 것을 제안하였다.

백제의 제안을 수나라의 양제가 따르면서 양국이 공동으로 고구려를 압박하는 형세를 취했다. 무왕이 수나라에 접근하자 고구려가 크게 반발하여 607년에 서해안의 송산성을 공격하였다. 고구려는 송산성을 함락하지 못하고 석두성을 대신 공격하여 남녀 3천여 명이 사로잡아 돌아갔다.[43]

무왕은 608년에 사절을 수나라에 파견하여 군사외교를 강화하고 고구려를 외교적으로 압박하였다. 무왕은 611년에도 국지모國智牟를 수나라에 파견하여 고구려 공격을 논의하였다. 수의 양제 역시 석률席律을 백제로 보내 구체적인 사항을 서로 논의하는 등 고구려에 대한 공동 공격을 모색하였다.

그러나 무왕은 전쟁이 일어나자 어느 편에도 적극적으로 가담하지 않고 양쪽의 대결을 이용하여 실리를 도모하였다.[44] 무왕은 국경에 군비를 엄히 하고 말로는 수나라를 돕는다고 하면서 실제로는 양단책을 구사하였다.

양단책의 실상은 백제본기 무왕 13년 조에 "국경에 군비를 엄히 하고 수나라를 돕는다고 하면서 실제로는 양다리를 걸치었다"[45]라고 하였듯이 실리위주의 기민한 전략이었다. 무왕은

---

43) 『三國史記』권27, 百濟本紀5, 武王 8年.
44) 『三國史記』권20, 高句麗本紀8, 嬰陽王 23年.
45) 『三國史記』권27, 百濟本紀5, 武王 13年.

즉위 후 신라와 고구려를 상대로 하여 적극적인 팽창정책을 펼쳤으나 별다른 성과를 거두지 못하였다.

무왕이 성과를 거두기 시작한 것은 612년에 금강 상류지역에 위치한 가잠성을 공격하여 함락한 이후였다. 무왕은 수나라를 이용하여 고구려를 견제한 후 신라 공격에 집중하였다. 고구려는 607년에 백제를 공격한 이후 638년에 신라의 칠중성을 공격할 때까지 남진이 정지되었다.

무왕은 수나라의 침입을 받은 고구려가 남진할 여력이 없는 틈을 타서 신라의 가잠성을 공격하였다. 가잠성 공격은 한강 하류지역을 회복하기 위한 본격적인 작전에 앞서 신라의 교통로를 차단하는 데 목적이 있었다. 무왕은 가잠성을 함락하여 추풍령을 넘어 한강 하류지역에 이르는 신라의 교통로를 차단하고 그 지배의 근간마저 흔들어 놓았다.[46]

무왕의 가잠성 공취는 신라가 구축하고 있던 백제에 대한 포위망 돌파라는 단순한 전술적 효과 외에도 양국의 전략 운영에 심대한 영향을 미쳤다. 무왕의 가잠성 장악은 관산성 패전 이후 신라로 기울어져 있던 양국의 세력관계를 일거에 반전시키고 백제가 주도권을 잡는 계기가 되었다.

무왕은 가잠성 함락의 승세를 타고 신라 공격에 박차를 가하였다. 무왕은 고구려와 수나라의 전쟁이 소강상태로 접어

----
46) 文安植, 2006, 앞의 책, 388쪽.

든 616년에 남원의 운봉고원에 위치한 모산성母山城을 공격하였으나 다시 실패하고 말았다.

무왕은 618년에 신라의 반격을 받아 가잠성을 잃고 한 동안 공격을 중단하였으나, 623년에 늑로현勒弩縣(충북 괴산)을 공격하면서 다시 포문을 열었다. 백제는 늑로현을 함락하지 못하였고,[47] 다음 해 10월에 소백산맥을 넘어 속함성速含城 등 6성을 공격하여 함락하였다[48].

백제군은 장수에서 육십령을 넘어 함양→합천 삼가→산청군 단성지역을 장악하고,[49] 이어서 남강의 본류를 타고 산청에서 진주로 통하는 교통로 상에 위치한 봉잠 등 3성을 확보하였다.

무왕은 신라가 아막성을 중심으로 방비를 굳건히 하였기 때문에 운봉고원을 넘어 옛 가야지역으로 나아가는 것이 난관에 봉착하자, 장수에서 육십령을 넘어 함양으로 진출한 후 그 주변지역을 장악하였다. 그 후에도 무왕은 신라를 줄기차게 공격하였는데 주로 신라의 서쪽 변경을 향하였다.

무왕은 한강 유역과 금강 유역 방면에서는 실패를 겪기도 하였지만, 소백산맥을 넘어 옛 가야지역에서는 거창·함양·

---

47) 『三國史記』권27, 百濟本紀5, 武王 24年.
48) 『三國史記』권4, 新羅本紀4, 眞平王 46年.
49) 全榮來, 1985, 「백제 남방경역의 변천」, 『千寬宇선생 환력기념한국사학논총』, 154쪽.

합천·산청을 차지한 후 성주와 김천 등의 경북 서북 내륙지역으로 전선을 확대하였다. 백제는 성왕의 전사 이후 오랜 동안의 침체에서 벗어나 용트림하기 시작하였다.

무왕은 신라와의 전쟁을 승리로 이끌어 영토를 널리 확장하였고, 고구려와 수나라의 대립에 말려들지 않고 중립외교를 펼쳐 실리를 도모하였다. 무왕은 영토확장과 대외정책 등에서 큰 치적을 쌓게 되면서 왕권의 위상과 권위를 높여갔다. 무왕은 특정 정치세력이나 파벌에 의존하지 않고 널리 인재를 초빙하여 적재적소에 배치하였다.

무왕은 측근정치의 폐해를 예방하고 실권 귀족의 권한을 점차 약화시켜 나갔다. 무왕대에 활약한 인물을 백제본기를 통해 살펴보면 보면 해수解讎, 연문진燕文進, 왕효린王孝隣, 국지모國智牟, 백기苩奇, 사걸沙乞, 복신福信, 우소于召 등 다양한 귀족 가문 출신들이 망라되었다.

무왕이 특정 가문이나 계파에 의존하지 않고 다양한 인물을 등용하여 자신의 주도하에 국정을 운영하였다. 무왕의 집권 후반기에 이르러 왕권은 강화되고 영토는 확장되었으며 대외관계는 안정을 이루었다. 무왕은 거의 매년 당나라에 사절을 보내 친선을 도모하였다.

무왕은 당나라와 우호관계를 유지하면서 신라 공격을 지속하여 대부분의 전투에서 승리를 거두었다. 무왕은 627년에는 신라가 차지한 한강 유역을 회복하기 위해 크게 군대를 일으켜 웅진으로 나아가 주둔하였다.

신라의 진평왕은 이를 듣고 당에 사절을 파견하여 위급을 고하면서 외교적인 압력을 가하였다. 무왕은 공격 중지를 요청하는 당의 주장을 정면으로 묵살하지 못하였다. 무왕은 당의 요청에 대하여 겉으로는 순종하는 체 하였지만 신라 공격을 멈추지 않았다.[50]

무왕은 사망에 이를 때까지 신라를 지속적으로 공격하였다. 무왕의 집권 초기와는 달리 백제가 일방적으로 신라를 밀어붙이는 국면이 이어졌다. 무왕의 빛나는 치적과 일련의 노력에 의하여 630년대가 되면 왕권의 위상이 크게 높아져 귀족 세력을 압도하게 되었다.

무왕은 왕권의 권위와 존엄을 과시하려는 목적에서 대규모 역사를 단행하였다. 무왕은 630년에는 사비의 궁궐을 수리하여 고쳤으며, 634년에는 웅장하고 화려한 왕흥사王興寺를 완공하였다.[51] 왕흥사는 600년에 법왕이 착공한 것으로 30여 년에 걸친 대역사 끝에 완성되었다.

왕흥사는 금강의 강변에 위치하였는데 채색과 장식이 장엄하고 화려하였다. 무왕은 매번 배를 타고 절에 들어가 행향行香하였다. 왕흥사는 사찰의 명칭과 같이 왕권의 고양을 의미하며, 왕이 절에 행차하여 향을 올리는 것은 호국 사찰이었음을 반영한다.

---

50) 『三國史記』권27, 百濟本紀5, 武王 28年.
51) 『三國史記』권27, 百濟本紀5, 武王 35年.

궁남지 전경
궁남지는 부여읍 동남리에 위치하며 백제시대 별궁의 연못으로 우리나라 최초의 인공 연못이라 할 수 있다.

또한 무왕은 왕궁의 남쪽에 궁남지를 조성하여 20리 밖에서 물을 끌어들였으며, 언덕에는 버드나무를 심고 물 가운데는 섬을 축조하여 방장선산方丈仙山에 견주었다.[52]

무왕은 귀족세력을 재편하여 왕권 중심의 국정을 유지하고 왕실의 권위를 높이기 위하여 자신의 연고지인 익산지역 경영에 박차를 가하였다. 무왕은 익산지역을 중시하여 별도別都[53]

----

52) 『三國史記』권27, 百濟本紀5, 武王 35年.
53) 『大東地志』권11, 益山 沿革.

를 경영하고 나아가 장차 천도할 계획까지 세웠다.

무왕은 왕궁을 세우고 석축으로 담을 둘렸으며, 백제 불교 사원 전체를 총괄하는 대관사大官寺를 세우고 내불당內佛堂의 성격을 지닌 제석사帝釋寺를 신축하였다.[54] 그 외에도 무왕은 익산에 동양에서 최대 규모를 자랑하는 미륵사를 창건하여 미륵신앙의 중심사원으로 육성하였다.

무왕은 전륜성왕轉輪聖王을 자처하면서 왕권의 권위와 위엄을 뒷받침 하려고 하였다. 미륵사는 용화산 아래의 연못에서 미륵삼존이 출현한 것으로 전해지는 연기설화와 같이 미륵하생신앙을 창건의 발판으로 삼았다.

무왕은 장기간에 걸친 대역사 끝에 왕궁과 사찰 조영 등의 기반 시설을 완공하고 639년에 익산으로 천도하였다. 10세기에 편찬된 관세음응험기觀世音應驗記에는 정관 13년(639)에 무왕이 지모밀지(익산)로 천도한 사실을 밝히고 있다.

무왕은 익산으로 천도하여 왕권의 권위와 존엄을 높이고, 자신을 일반 왕족이나 귀족과 구별되는 국가경영의 주체자로 각인시켰다. 무왕은 636년 봄에 백마강 인근의 대왕포大王浦에서 북을 치고 거문고를 타며 춤을 추며 신료들과 흥겹게 어우러져 유흥을 즐기기도 하였다.

....
54) 宋祥圭, 1976, 「王宮坪城에 대한 硏究」, 『百濟硏究』7, 충남대 백제연구소.

또한 무왕은 636년 가을에는 망해루望海樓에서 여러 신하들에게 잔치를 베풀었으며, 638년 봄에도 빈嬪과 더불어 큰 못에 배를 띄우고 놀았다.[55] 무왕은 왕권의 위상이 고양되고 국정이 안정되었기에 여유를 갖고 유흥을 즐길 수 있었다. 무왕은 천수를 모두 누리고 재위 42년 만에 70세 정도의 나이로 사망하였다.

무왕은 웅진기와 사비기의 역대 국왕 중에서 무령왕과 더불어 행복한 최후를 맞이한 인물에 속한다. 무왕은 오랜 재위 기간 동안 빛나는 치적을 이루어 국가의 번영과 왕권의 안정, 왕실의 권위를 높였다. 또한 효성이 뛰어나고 사려 깊은 태자 의자와 같은 출중한 후사를 남기는 등 국왕으로서 누릴 수 있는 모든 복락을 만끽하고 역사의 장막 속으로 사라져갔다.

....
55) 『三國史記』권27, 百濟本紀5, 武王 39年.

7장 지배층의 내분과 백제의 멸망

1. 의자왕의 집권과 친위정변의 단행

무왕이 641년에 사망하자 태자 의자가 왕위에 올랐다. 무왕 대에 국정이 안정되고 왕권의 위상이 높아졌기 때문에 왕위는 맏아들 의자왕에게 돌아갔다. 그러나 의자왕이 쉽게 왕위에 오른 것은 결코 아니었다.

의자왕은 무왕의 재위 33년(632)에 40세를 전후한 나이로 태자에 책봉되었으나 근친 왕족과 귀족세력의 견제를 받아 소외된 상태에 있었다. 의자왕은 태자로 책봉된 후에도 왕위 계승과정에서 일어날지 모르는 왕제王弟들의 반발 움직임을 미연에 방지하고 왕족들과의 원활한 유대관계를 맺기 위하여 자신을 낮추고 엎드리는 처신을 하였다.[1]

의자왕은 40세를 전후한 나이에 이르러서야 태자로 책봉될 만큼 정적이 많았다. 무왕 말기에 태자 의자의 최대 정적은 이복동생 교기翹岐이었다. 무왕은 의자왕의 생모 외에도 여러 명의 빈嬪을 두었다. 무왕은 즉위 후 미약한 왕권을 보호하기 위하여 영향력이 큰 귀족세력과 혼인관계를 맺어 후원을 받고자 하였다.

의자왕은 무왕이 가난하고 힘든 잠저 시설에 낳았기 때문에

....

1) 金壽泰, 1992, 「백제 의자왕대의 정치활동」, 『한국고대사연구』5, 62쪽.

외가外家 역시 빈한한 집안이었다. 그 반면에 교기는 무왕이 즉위 후 영향력이 큰 귀족가문에서 선택하여 맞아들인 여인의 아들이었다. 무왕이 70세 전후의 노년까지 장수한 반면에 의자왕의 모친은 좀더 일찍 사망하였다. 무왕이 의자왕의 생모를 일찍 잃고, 그 후에 교기의 모친을 받아들였을 가능성이 높다.

무왕은 집권 말기에 교기의 생모를 매우 사랑하여 가까이 두었다. 무왕이 백제본기에 의하면 638년(무왕 39) 3월에 빈嬪과 더불어 큰 못에서 배를 띄우고 놀았다는 기록이 남아 있는데,[2] 교기의 생모였을 가능성이 높다. 교기의 생모는 무왕의 사랑을 독차지하면서 대좌평 사택지적沙宅智積과 내신좌평 기미岐味 등의 귀족세력들을 끌어 들여 의자를 견제하였다.

사택지적과 기미를 비롯한 귀족세력이 교기를 지지한 것은 태자 의자가 노쇠한 무왕을 대신하여 국정을 운영하면서 왕권강화를 추구하였기 때문이다. 무왕은 집권 후반기에 익산으로 천도하여 귀족세력의 견제를 무력화하고 왕권강화를 도모하였다.

무왕은 진씨와 해씨를 비롯한 목씨·연씨·사씨·국씨·협씨·묘씨 등 8대성 귀족세력의 영향력이 강한 사비를 벗어나 자신과 깊은 관계가 있는 익산으로 천도하려고 하였다. 무왕은 왕궁평성 등 수도의 기반 시설을 축조하는 등 천도를 준비

....
2) 『三國史記』권27, 百濟本紀5, 武王 39年.

해 나갔다.

익산 경영은 연로한 무왕보다는 장년의 태자 의자가 왕명을 받들어 추진하였을 가능성이 높다. 익산 경영은 무왕이 직접 나서지 않고 의자가 632년 태자에 책봉되어 부왕을 대신하여 현지에서 대역사를 지휘하였다.[3] 귀족세력들은 익산 경영에 위협을 느껴 의자를 견제하고 익산 천도를 무력화시키기 위하여 교기를 지지하였다.

이로 말미암아 의자는 귀족세력과 근친 왕족들의 배척을 받아 정치적 어려움을 겪었다. 태자 의자는 '어버이를 효성으로 섬기고 형제와는 우애가 있어서

사택지적비 모습
1948년 부여읍 관북리官北里 도로변에서 발견되어 국립부여박물관에 소장되어 있다. 상좌평을 역임하였던 사택지적은 말년에 지난 날의 영광과 세월이 덧없음을 한탄하면서 불당을 세운 내력을 세련된 문장으로 기술하였다.

----

3) 文安植, 2006, 앞의 책, 404쪽.

해동증자海東曾子로 불렸다'[4]라는 사서史書의 평판답게 자신을 낮추는 처세를 통해 어려움을 극복하였다.

또한 무왕이 왕후와 귀족세력의 반대에도 불구하고 의자를 강력하게 후원하고 있었기 태자의 지위를 어렵게나마 유지하였다. 의자왕은 무왕이 재위 42년째인 641년에 사망하자 마침내 왕위에 오르게 되었다. 의자왕은 40대 중반의 장년 나이에 고난의 시기를 끝내고 대권을 장악하게 되었다.

의자왕의 즉위에도 불구하고 교기를 비롯한 근친 왕족과 귀족세력의 저항은 그치지 않았다. 백제는 무왕의 적극적인 노력에도 불구하고 관산성 패전 이래 오랫동안 지속된 귀족중심의 정치운영에서 완전히 벗어나지 못하고 있었다.

의자왕은 관행으로 굳어진 귀족중심의 정치운영을 탈피하여 자신이 전면에서 나서 국정을 운영하려고 하였다. 또한 의자왕은 근친 왕족과 귀족세력의 심한 견제를 받으면서 즉위하였기 때문에 정적 제거와 왕권강화가 절대적으로 필요하였다.

의자왕은 먼저 대당교섭對唐交涉을 통하여 자신의 국제적인 위상을 확보하고 왕권의 권위를 높이려고 하였다. 의자왕은 641년 3월에 당나라에 사신을 보내 부왕의 사망 소식을 알렸다. 태종은 소복차림으로 곡을 하고 무왕을 광록대부光祿大夫를 추증한 후 부물賻物 2백 단段을 보내 주었다. 또한 태종은 사부

---

[4] 『三國史記』권28, 百濟本紀6, 卽位年.

낭중祠部郎中 정문표鄭文表를 보내 의자왕을 대방군왕백제왕帶方郡王百濟王으로 책봉하였다.[5]

의자왕도 같은 해 8월에 사절을 당에 보내 사의를 표하고 함께 토산물을 보냈다. 의자왕은 642년 정월에도 당나라에 사절을 보내 조공하였다. 의자왕이 당에 사절을 파견한 것은 대외관계의 안정을 도모하고 자신의 국제적인 위상을 확보하는 데 유리하였기 때문이었다.

의자왕은 대외관계가 안정되고 자신의 국제적인 위상이 높아지자 자신감을 갖고 정적 제거를 추진하였다. 의자왕은 먼저 국정을 총괄하고 있던 대좌평 사택지적을 641년 11월에 조정에서 축출하여 기선을 제압하였다.

의자왕이 정적을 대대적으로 숙청한 것은 642년 1월에 교기의 모후가 사망한 것이 계기가 되었다. 교기의 모후는 의자왕이 즉위한 지 10개월 만에 사망에 이르렀다. 그녀의 죽음은 자연사에 의한 것이 아니라 왕권강화를 추진하는 의자왕과 그 추종세력에 의하여 희생되었을 가능성이 높다. 의자왕은 모후의 사망을 계기로 친위정변을 일으켜 일거에 정적을 제거하였다.

의자왕은 교기와 그의 누이 4명을 섬으로 추방하였다. 그 외에도 의자왕은 왕명출납을 맡고 있던 내신좌평 기미를 비롯

---

5) 『舊唐書』 권199 上, 列傳 149 上, 東夷 百濟.

하여 명망 높은 가문 출신의 40여 명을 조정에서 몰아냈다.[6] 의자왕이 모후가 죽은 뒤에 정적을 제거한 것은 그녀가 귀족회의체 구성원과 관계가 긴밀하였고, 근친 왕족들이 권력의 중추에 있었기 때문이었다.[7]

사비에서 축출된 교기는 섬을 탈출하여 왜국으로 망명하였다. 대좌평 사택지적도 백제를 떠나 왜국으로 망명하여 그곳에서 교기와 조우하였다. 의자왕은 과감한 숙청작업을 통하여 귀족중심의 정치운영에 일대개혁을 단행하고 왕권강화를 도모하였다.

의자왕은 아들 부여융扶餘隆의 묘지명에 보이는 '과단성 있고 침착하였으며 사려 깊어서 그 명성이 홀로 높았다'는 평판답게 귀족중심의 정치운영에 제동을 걸었으며, 신진세력을 육성하여 왕권강화의 배경으로 삼았다.

의자왕은 의직, 성충, 흥수, 계백 등을 발탁하여 왕권안정과 정국운영의 주춧돌로 삼았다. 의자왕은 친위정변을 일으켜 정적을 제거하고 왕권강화와 국정운영의 혁신을 도모한 후 민생안정과 지방통치에 관심을 돌렸다.

의자왕은 친위정변을 단행한 후 2월의 추운 날씨에도 불구하고 주군州郡을 방문하여 백성을 위무하고 안정시켰다. 또한

---

6) 『日本書紀』권24, 皇極紀 元年 2月.
7) 金壽泰, 1999, 「백제 무왕대의 정치세력」, 『마한・백제문화』14, 원광대 마한・백제문화연구소, 123~124쪽.

죄수를 너그럽게 살펴서 사죄死罪 이하는 모두 석방하는 등 민심을 수습하였다.[8] 의자왕은 즉위 후 1년 만에 전광석화와 같이 대외안정, 정적 제거와 왕권강화, 민생 회복과 우호적인 여론 조성 등을 이루어냈다.

의자왕은 국정 혁신을 이룬 후 신라에 대한 대규모 공격에 착수하였다. 의자왕은 직접 군대를 이끌고 소백산맥을 넘어 신라로 공격해 들어갔다. 의자왕은 642년 7월에 신라를 쳐서 미후獼猴 등 40여 성을 함락시켰다.[9]

의자왕이 미후성 공격에 직접 나선 것은 왕권의 위엄을 과시하고 귀족들의 불만을 대외적으로 발산시키기 위한 조치였다. 미후성을 포함한 40여 성의 정확한 위치는 잘 알 수 없지만, 무왕 때에 장악한 함양·거창·산청을 제외한 옛 가야지역으로 생각된다.[10]

의자왕은 그 다음 달에는 윤충을 보내 군사 1만을 이끌고 합천의 대야성을 공격하게 하였다.[11] 대야성 전투는 백제의 옛 가야지역 진출을 위한 공세가 절정에 달한 사건이었다. 백제

---

8) 『三國史記』권28, 百濟本紀6, 義慈王 2年.
9) 『三國史記』권28, 百濟本紀6, 義慈王 2年.
10) 40성의 위치에 대해서는 지금의 88고속도로 주변에 소재한 신라의 성으로 보기도 하며(이도학, 1997, 앞의 책, 213쪽), 무왕이 624년에 차지한 함양의 속함성 등 6城으로부터 동쪽인 의령, 합천, 거창, 고령, 성산, 칠곡, 구미 등 낙동강 이서의 대부분 지역으로 이해하는 경우도 있다(金秉南, 2001, 앞의 글, 192쪽).

는 무왕이 함양과 거창·산청 등에 교두보를 확보한 데 이어, 의자왕의 집권 초반에 미후성 등 40성의 공취와 대야성 함락으로 옛 가야지역을 석권하게 되었다.

신라의 선덕여왕은 대야성을 상실한 후 김춘추를 고구려에 보내 군사를 청하였다. 김춘추의 결사외교는 한강 유역을 반환을 요구하는 고구려와의 입장 차이 때문에 실패로 끝났다. 의자왕은 김춘추의 결사외교가 소기의 목적을 달성하지 못하고 실패하자 고구려와 화친을 추진하였다.

백제와 고구려는 4세기 후반 대방고지를 둘러싸고 갈등이 전개된 이래 거의 300년에 걸쳐 대립관계를 유지하였다. 의자왕은 오랜 기간의 갈등과 반목을 청산하고 고구려와 화친을 맺고 한강 유역으로 진출하려고 하였다. 고구려는 여러 차례에 걸쳐 수·당과 전쟁을 치를 때 신라가 자주 후방을 공격하였기 때문에 의자왕의 제의를 진지하게 고려하였다.

백제는 신라 공격에 집중하기 위하여 고구려의 도움이 필요하였고, 고구려 역시 당과의 전쟁을 앞두고 백제를 이용하여 신라를 견제하려고 하였다. 양국은 상호 간의 이해가 맞아떨어져 643년 11월에 제濟·려麗의 화친이 성립되었다.

백제는 6세기 중엽에 제라동맹의 붕괴된 이후 오랜 동안의

---

11) 대야성과 마주하는 黃江 건너의 합천군 대양면 정양리에 위치한 고소산성과 용주면 성산리에 있는 갈마산성은 백제의 윤충장군이 대야성을 공격하기 위하여 축조한 것으로 전해지고 있다.

고립에서 탈피하여 동맹세력을 갖게 되었다. 양국은 화친을 맺은 후 공동으로 출병하여 신라의 당항성을 빼앗아 당나라로 향하는 조공길을 차단하려고 하였다.[12]

백제와 고구려가 군대를 동원하여 당항성을 공격하자 선덕여왕은 당에 사신을 보내 구원을 요청하였다. 의자왕은 이 소식을 듣고 당항성 공격을 그쳐 양국 관계의 파국을 피하였다. 의자왕은 고구려와 화친을 맺고 신라를 압박하였지만 당나라의 입장을 정면으로 무시할 수 없었다.[13]

의자왕은 즉위 후 추진한 일련의 정책이 성과를 거두어 국력이 크게 신장되고 정국이 안정되자, 즉위 4년째인 644년에 30세의 융隆을 태자로 삼았다.[14] 의자왕은 융을 태자로 책봉하여 차기 왕위계승을 둘러싸고 벌어지는 권력투쟁을 사전에 차단하려고 하였다. 의자왕은 태자 책봉과 더불어 죄수들을 크게 사면하여 민심 안정을 도모하였다.

---

12) 『三國史記』권21, 高句麗本紀9, 寶藏王 3年.
13) 당은 돌궐과의 전쟁을 승리로 이끌기 전까지는 삼국이 분열된 상태에서 현상 유지를 원하였으며, 신라에서 당으로 향하는 통로인 당항성을 고구려와 백제가 차단하는 것을 원치 않았다. 당의 의도를 파악한 고구려와 백제가 당과의 외교관계를 무시한 채 한강유역과 당항성 공격을 계속적으로 시도할 수는 없었다(金周成, 1995, 「지배세력의 분열과 왕권의 약화」, 『한국사6』, 국사편찬위원회, 111쪽.
14) 『三國史記』권28, 百濟本紀6, 義慈王 4年.

의자왕은 태자 책봉과 죄수 사면 등으로 집권체제 정비와 민심 안정을 이룬 후 다시 신라 공격에 나섰다. 의자왕은 645년부터 5년에 걸쳐 거의 매년 옛 가야지역과 금강 중·상류 및 경북 내륙지역 등에서 신라와 치열한 격전을 치렀다.

백제는 645년 여름에는 당나라 태종이 고구려를 공격할 때 신라가 원군을 보내자 그 틈을 타서 7성을 차지하였다.[15] 의자왕은 647년에도 의직義直을 보내 나제통문을 통과하여 김천과 구미 방면에서 전쟁을 치렀다. 의자왕은 648년에도 의직을 파견하여 요차성 등 상주 부근의 10여 성을

나제통문 전경
전라북도 무주군 설천면 소천리에 위치한다. 나제통문의 높이는 5~6m, 너비 4~5m, 길이 30~40m이다. 암벽을 뚫은 통문으로 신라와 백제의 경계 관문으로 알려졌다. 그러나 최근에 이 굴이 일제강점기에 뚫었다는 주장이 제기되어 논란이 일고 있다.

----
15) 『三國史記』권28, 百濟本紀6, 義慈王 5年.

차지하였으며, 경북 성주와 경남 합천 사이에 위치한 옥문곡에서 신라군과 접전을 벌였다.[16)]

백제와 신라는 649년 가을에도 충북 진천에 위치한 석토성과 그 부근 지역을 서로 차지하기 위하여 격전을 벌였다. 백제는 의자왕 집권 전반기에 신라를 파상적으로 공격하여 다대한 전과를 올렸다. 이때가 무왕과 의자왕 2대에 걸쳐 백제가 정력적으로 추진한 신라 공격이 최정점에 도달한 시기였다. 김유신이 백제에 대한 보복 공격을 주청하자 진덕여왕은 신라를 작은 나라小國로 자처하면서 큰 나라大國인 백제 공격을 주저할 정도였다.[17)]

한편 의자왕의 줄기찬 신라 공격은 당나라와 관계를 악화시킨 원인이 되었다. 당은 고구려와의 전쟁을 승리로 이끌기 전까지는 백제와 신라가 전쟁을 하지 않고 현상 유지를 원하였다. 또한 당은 고구려의 배후에 위치한 양국이 후방지원을 해줄 것을 바랐다.

백제는 당의 의도에 따르지 않고 무왕 이래 중립 외교를 표방하면서 양단책을 구사하여 실리를 추구하였다. 백제가 고구려와 화친을 맺고 당항성을 공격하면서 대당관계가 악화되기 시작하였지만, 의자왕의 사절 파견과 사의 표명으로 최악의

....

16) 『三國史記』권28, 百濟本紀6, 義慈王 8年.
17) 『三國史記』권41, 列傳1, 金庾信 上.

경우에 이르지는 않았다.

　백제와 당의 관계는 태종이 645년에 고구려를 친히 정벌할 때 신라가 3만 명을 동원한 틈을 타서, 백제가 신라의 일곱 성을 빼앗은 후 회복 불가능한 상태로 접어들었다. 의자왕은 안시성전투에서 당군이 참패를 당하고 퇴각함에 따라 당에 대한 외교관계를 재검토하게 되었다.

　백제는 무왕대 이래 당의 빈번한 간섭으로 신라와의 전쟁을 수행하는 데 어려움이 적지 않았다. 당은 고구려에 대한 강경책을 구사하면서 백제와 신라가 현상을 유지하기를 원하였다. 당은 백제가 신라를 공격하는 것에 대하여 외교적인 압력을 행사하여 방해하였다. 의자왕은 고구려가 당군의 침입을 격퇴하는 것을 목도한 후 중립외교를 포기하고 고구려와의 관계를 강화하는 방향으로 나아갔다.

　한편 신라의 실권자였던 김춘추는 국력이 약화된 신라의 독자적인 힘으로 백제를 상대하기가 어려운 상황임을 정확히 인식하였다. 김춘추는 고구려의 후원을 얻은 데 실패한 후 바다를 건너 당으로 갔다. 그는 태종을 설득하는 데 성공하여 신라와 당은 648년에 나당동맹을 맺게 되었다.[18]

　의자왕의 태도가 급변한 가운데 김춘추가 백제 정벌을 요청하자 당은 신라의 제안을 받아들이게 되었다. 나당동맹은

---

18) 『三國史記』권5, 新羅本紀5, 眞德女王 2年.

백제와 고구려가 643년에 화친관계를 맺고 군사행동을 같이 하고 있던 상황에 맞서려는 성격이 강하였다. 신라와 당은 동맹을 체결하면서 백제와 고구려를 멸망시킨 후 평양 이남은 신라가 차지하기로 합의를 보았다.

그러나 당나라는 나당동맹의 체결 이후에도 곧바로 백제 정벌을 위하여 대규모 원정군을 일으키지 않았다. 당은 고구려 공격에 집중하였고, 백제 공격은 여전히 부차적인 대상에 불과하였다. 그 와중에 태종이 649년에 사망하면서 백제와 고구려 및 당나라는 모두 정국의 추이를 관망하면서 소강상태를 유지하였다.

당 태종은 죽음에 이르러 조서를 남겨 고구려 정벌을 그만두게 하였다.[19] 의자왕은 당 태종의 사망을 계기로 국제정세가 급변하자 신라 공격을 재검토하였다. 의자왕은 고립에 처한 신라를 계속 공격할 것인지 아니면 당을 자극하지 않고 호기를 기다려 할 것인가에 대하여 적절한 판단을 내려야 하였다.

의자왕은 고구려와 연합하여 신라를 공격하는 것이 훨씬 효과적이었으므로 동맹국의 입장을 고려할 필요도 있었다. 백제 역시 의자왕의 즉위 후 10년 동안 신라와 전쟁을 지속하였기 때문에 휴식이 필요하였다.

이로 말미암아 삼국은 당 태종의 사망을 계기로 하여 전쟁

---

19) 『三國史記』권22, 高句麗本紀10, 寶藏王 8年.

을 중단하고 후일을 대비하면서 내정과 민생안정에 주력하게 되었다. 백제는 649년에 전개된 석토성과 도살성 전투 이후 6년 동안 신라와 소강상태를 유지하였다. 또한 고구려와 신라, 고구려와 당 사이에도 전쟁이 중지되어 실로 오랜만에 평화가 찾아들었다.

2. 집권층의 분열과 사비성 함락

　　백제와 신라 사이에 교전이 다시 재개된 것은 655년 가을에 이르러서였다. 의자왕은 군대를 보내 고구려 및 말갈과 함께 신라 북계를 공격하여 30성을 함락하였다.[20] 이 공격을 시발점으로 삼국항쟁이 격화되어 백제와 고구려가 멸망되고 신라의 최종 승리로 대단원의 막을 내리게 되었다.

　　의자왕이 2차례에 걸친 당의 경고를 무시하고 신라 공격을 지속하자, 당은 고구려를 멸망하기에 앞서 백제에 대한 대규모 원정에 나서게 되었다. 당은 고종이 즉위한 후 내정이 안정되고 민생이 회복되자 다시 고구려를 공격해야 한다는 주장이 일어나게 되었다.

　　고구려와 당의 전쟁은 점점 피할 수 없게 되어 갔다. 보장왕은 기선을 제압하기 위하여 장수 안고安固를 보내 고구려 군대와 말갈 군사를 출동시켜 당의 지배를 받고 있던 거란을 쳤으나 송막도독松漠都督 이굴가李窟哥에게 신성에서 패전하고 말았다.[21]

　　의자왕은 고구려와 당의 사이에 전쟁이 재개되자 신라의 동향에 촉각을 기울였다. 고구려와 당 사이에 전운이 다시 감

---

20) 『三國史記』권28, 百濟本紀6, 義慈王 15年.
21) 『三國史記』권22, 高句麗本紀10, 寶藏王 13年.

돌자 백제와 신라 모두 그 영향력을 받게 되었다. 의자왕은 645년 이후 악화된 대당관계를 개선하기 위해 651년에 사절을 파견하였다. 의자왕은 태종 때에 악화된 대당관계를 고종의 즉위를 계기로 개선해 보려고 하였다.

그러나 양국의 관계 개선은 신라의 방해와 고구려 정벌을 위한 당의 전략 때문에 쉽지 않았다. 신라의 실권자인 김춘추는 큰 아들 법민(훗날 문무왕)을 당에 파견하여 외교활동을 적극적으로 전개하였다. 신라는 당에 자주 사절을 파견하여 백제와 고구려가 침략하지 못하도록 외교적 압력을 요청하였다.

당은 백제의 조공 사절이 귀국할 때에 의자왕이 공격하여 점령한 주요 성곽을 신라에 돌려주고, 더 이상 전쟁을 벌이지 말 것을 강력히 촉구하였다.[22] 의자왕은 652년 정월에 사절을 보내 당의 강경한 입장을 확인한 후 외교관계를 단절하고 고구려와의 연대를 강화하는 방향으로 나아갔다.

무왕이 수·당과의 우호적인 관계를 유지하면서 고구려에 맞선 것에 비하여, 의자왕은 고구려와의 군사동맹을 강화하는 방향을 선택하였다. 의자왕은 당의 압박이 강화되자 653년 8월에는 소원한 관계에 있던 왜국과 우호관계를 회복하였다.[23]

의자왕은 당과의 외교관계를 단절하고 신라 공격에 전념하

---

22) 『三國史記』권28, 百濟本紀6, 義慈王 11年.
23) 『三國史記』권28, 百濟本紀6, 義慈王 13年.

게 되었다. 의자왕은 신라 공격에 앞서 태자를 융隆에서 효孝로 교체하는 등 정계 개편을 추진하였다.24) 의자왕의 재위 15년에 이루어진 태자 교체를 비롯한 정계 개편은 군대부인郡大夫人 은고恩古가 깊숙이 간여하였다.

은고는 의자왕의 절대적인 신임을 받으면서 친위세력 육성에 부심하여 계백階伯, 상영常永, 흑치상지黑齒常之 등을 휘하에 두었다. 은고는 의자왕의 총애와 자파 세력을 기반으로 하여 자신의 소생인 효로 태자를 교체하는 데 성공하였다.

또한 의자왕은 657년 정월에는 서자庶子 41명을 좌평으로 삼아 각각 식읍을 주었다.25) 백제의 좌평은 본래 정원이 6명으로 일급 귀족들이 주로 임명되었는데, 의자왕은 정원제를 무너뜨리면서 근친 왕족을 좌평에 임명하여 왕권강화를 도모하였다. 의자왕은 집권층 내부에서 벌어진 국론 분열과 정쟁을 일소하기 위하여 왕실을 앞세운 권력구조로 재편하였다.

의자왕은 국론을 통일하고 정국의 주도권을 확고히 장악하였다. 의자왕은 날로 긴박해져가는 국제 정세 속에서 귀족세력의 기득권을 무시하고 왕실중심의 정국운영을 도모하였다. 의자왕은 삼국항쟁이 격화되면서 권력을 자신의 수중에 집중하였고, 왕권을 뒷받침해 줄 수 있는 친위세력을 육성하였다.

....

24) 盧重國, 2004, 『백제부흥운동사』, 일조각, 32쪽.
25) 『三國史記』권28, 百濟本紀6, 義慈王 17年.

신라 역시 선덕여왕 말기에 김춘추가 김유신과 더불어 비담毗曇의 난을 제압한 후 권력을 독점하였고, 고구려도 연개소문이 정변을 일으켜 권력을 집중하였다. 의자왕 역시 고구려와 신라의 집권자들과 마찬가지로 삼국항쟁을 주도적으로 이끌기 위하여 권력 집중과 친위세력 육성이 필요하였다.

　의자왕의 권력 집중과 측근정치는 귀족세력의 반발을 불러일으켰다. 백제는 대다수의 귀족세력이 국정운영에서 소외되어 집권층의 분열을 초래하였다. 또한 백제의 집권층 내에는 김유신에 포섭되어 자국의 허실을 신라에게 알려주는 임자任子와 같은 최고위층의 변절자마저 생겨나게 되었다.[26]

　백제가 나당연합군의 공격을 받아 불과 열흘도 버티지 못하고 도성이 함락된 것은 민심이 이반되고 국론이 분열되었기 때문이다. 의자왕의 향락생활과 잦은 전쟁으로 인하여 국력 소모가 늘어나면서 상황은 날로 악화되어 갔다.

　의자왕은 백제가 멸망되기 한 해 전인 659년에도 장수를 보내 독산성(성주 가천면 독용산성)과 동잠성(구미시 인의동)을 치는 등 신라 공격을 지속하였다.[27] 의자왕의 독산성 등에 대한 공격은 나당연합군의 침입을 야기한 촉매제가 되고 말았다.

----

26) 『三國史記』권42, 列傳2, 金庾信 中.
27) 『三國史記』권28, 百濟本紀6, 義慈王 19年.

성주 가천면 독용산성 전경
독용산성은 가야시대에 축조된 것으로 추정되며, 백제가 경북 내륙지역으로 진출하면서 신라와 격전을 벌인 독산성일 가능성이 높다.

    당은 고구려에 대한 공격이 번번이 수포로 돌아가자 전략상 그 배후에 근거지를 확보하는 것이 유리하다고 판단하여 백제를 먼저 멸하기로 결정하였다. 그리하여 당은 마침내 백제 공격을 결행하게 되었다.
    당은 백제 공격을 앞두고 정보가 노출되지 않도록 만전을 기하였다. 당은 백제 정벌을 계획한 후 이 사실이 외부로 알려지지 않도록 보안을 유지하였다. 당은 사절로 파견되어 머물고 있던 왜인들을 귀국하지 못하도록 하고 특별한 곳에 유폐시킬 정도였다.[28]
    백제의 수뇌부는 660년 5월에 당군이 바다를 건너오자 예기치 못한 사태에 우왕좌왕 하였다. 백제는 나당연합군의 침입을 전혀 예상하지 못했기 때문에 속수무책으로 당할 수 밖에 없었다. 소정방은 금강 하구에 위치한 전략적 요충지인 기벌포(伎伐浦)로 향하였고, 신라군도 백제의 동부전선 요충지인 탄현(炭峴)[29]으로 진격하였다.

백제는 신라군의 진격 속도가 예상외로 빨랐기 때문에 국경의 탄현에서 별다른 저항을 하지 못하고 쉽게 내주고 말았다. 의자왕은 사태가 위급해지자 계백을 보내 김유신이 거느린 신라군을 막도록 하였다. 계백을 비롯한 5천의 결사대는 황산벌에서 대부분 전사하고 좌평 충상과 상영 등 20여 명은 신라군의 포로가 되고 말았다.[30]

의자왕은 소정방이 서해안을 따라 수군을 이끌고 내려오자 금강 입구를 막고 강변에 군사를 주둔시켰다. 의자왕은 성충의 진언을 무시하고 기벌포에 방어망을 구축하지 않아 당군은 백제군을 제압하고 손쉽게 상륙하였다.

당의 수군이 기벌포를 통과하여 도성으로 육박하자 사비성

---

28) 『日本書紀』권26, 齊明紀 5年, 是歲.
29) 탄현의 위치에 대해서는 완주군 운주면 삼거리의 탄현으로 보는 견해, 충남과 충북의 경계인 옥천·증약·세천·대전으로 통하는 마도령으로 보는 견해, 석성면 정각리의 숯고개로 생각하는 견해, 대전 동쪽의 식장산으로 보는 견해 등이 있다. 탄현의 위치비정에 대한 연구사 정리는 成周鐸, 1990, 「백제 탄현 소고」, 『백제논총』2집, 12~13쪽을 참조하기 바란다.
30) 『三國史記』권28, 百濟本紀6, 義慈王 20年.

오성산에서 바라본 금강 하구(기벌포) 전경

외곽의 방어기능을 하고 있던 산성들은 무용지물이 되고 말았다. 신라군은 황산벌에서 승리한 후 서진西進하고, 당군은 기벌포에 상륙한 후 북상하여 논산의 강경 부근에서 합군하였다.

소정방과 김유신은 각각 보병과 기병을 거느리고 강을 따라 사비성으로 진격하였고, 신라와 당의 수군도 강물을 거슬러 밀물을 타고 올라 왔다. 나당연합군은 사비성에서 30리쯤 떨어진 곳에서 진군을 중지하고 전열을 정비하였다.[31]

나당연합군은 병력을 4군으로 편제하여 길을 나누어 사비

....
31) 『三國史記』권28, 百濟本紀6, 義慈王 20年.

성으로 진격하였다. 나당연합군은 부여 염창리에서 능산리로 이어지는 나성羅城을 통과하여 순식간에 도성 안으로 진입하였다. 의자왕은 적군이 물밀듯이 육박하자 성충의 충언을 받아들이지 않은 것을 후회하면서 태자 효와 함께 웅진성으로 피난을 떠났다. 의자왕의 탈출 경로는 분명하지 않지만 적에게 발각되기 쉬운 육로보다는 수로를 이용하였을 가능성이 크다.[32]

의자왕이 태자 효를 데리고 떠난 후 나당연합군은 왕궁이 위치한 부소산성을 포위하였다. 의자왕의 둘째 아들 태泰가 스스로 왕이 되어 무리를 거느리고 부소산성을 굳게 지켰다. 이에 불만을 품은 태자 효의 아들 문사文思가 부여융을 설득하여 항복을 권하였다. 의자왕의 탈출과 왕실의 내분이 발생하자 군사들의 사기는 크게 떨어지고 동요하는 민심을 진정시킬 수 없었다.[33]

융隆이 대좌평 천복千福 등과 함께 항복하자, 신라의 태자 법민은 말 앞에 꿇어앉히고 대야성 전투에서 전사한 김품석 부부의 원한을 되새기며 얼굴에 침을 뱉으며 모욕을 주었다. 융은 땅에 엎드려 아무 말도 못하고 듣기만 하였다. 부소산성에 고립된 왕자 태도 형세가 어렵고 급박하여 성문을 열고 항복

....
32) 임용한, 2001,『전쟁과 역사』, 혜안, 269쪽.
33)『三國史記』권28, 百濟本紀6, 義慈王 20年.

부여의 나성
능산리 쪽에서 바라본 나성 성벽의 일부. 현재 부여의 나성은 흙으로 축조되었기 때문에 무너진 부분이 많아 형적을 찾아보기 어렵다. 나성은 부소산성 東門址에서 시작하여 동쪽의 청산성으로 연결되었으며, 청산성에서 남쪽으로 구부러져 석목리와 동문다리, 필서봉 상봉을 지나 염창리 부근의 금강변까지 연결되었다.

하고 말았다.

　백제는 의자왕이 웅진으로 떠난 후 집권층 사이에 내분이 발생하여 허무하게 나당연합군에 무너졌다. 부소산성에 의거하여 저항하던 태泰가 항복하자, 사비 외곽의 여러 성곽에 주둔한 백제의 여러 장수들도 항복하고 말았다. 의자왕도 어쩔 수 없이 태자 효를 이끌고 웅진성을 나와 7월 18일 나당연합군에 항복하였다.

　그러나 웅진으로 피난을 떠난 의자왕의 항복은 자발적인 것이 아니었다. 의자왕의 투항과 관련하여 "그 대장 이식禰植이 또 의자를 거느리고 와서 항복하였다. 태자 융과 여러 성의 성주들도 모두 예를 표하였다"[34)]라고 하였듯이, 이식이라는 인물의 존재가 주목된다. 이식은 웅진성을 책임지는 방령의 직위를 맡고 있었는데, 상황이 급박해지자 의자왕을 사로잡아 나당연합군에 항복을 청하였다.[35)]

의자왕이 항복한 것은 계백이 황산벌 전투에서 패배한 후 열흘 째 되는 날이었다. 무열왕은 의자왕의 항복 소식을 듣고 사비성에 도착하여 주연을 크게 베풀고 장병들을 위로하였다. 문무왕과 소정방 및 여러 장수들은 대청마루 위에 앉고, 의자왕과 그 아들 융은 마루 아래 꿇어 앉았다.

의자왕이 대청마루에 올라 술을 따르니 백제의 좌평 등 여러 신하들이 목메어 울지 않는 사람이 없었다.[36)] 백제는 소정방이 당군을 이끌고 덕물도에 도착한 지 채 한달이 못 되어 700년 사직이 허무하게 무너지고 말았다. 의자왕은 당의 수도 장안으로 끌려간 지 며칠 만에 병을 얻어 60대 중반의 나이로 죽고 말았다.

....

34) 『舊唐書』권83, 列傳33, 蘇定方.
35) 盧重國, 1995, 「백제 멸망후 부흥군의 부흥전쟁연구」, 『역사의 재조명』, 소화, 196쪽.
36) 『三國史記』권5, 新羅本紀5, 太宗武烈王 7年.

3. 내분으로 무너진 부흥운동

　백제는 의자왕이 추진한 왕권강화와 영토확장 등의 성과가 정점에 오른 순간에 예기치 못한 나당연합군의 공격을 받고 무너져 내렸다. 백제의 집권층을 비롯한 전 국민에게 나당연합군의 공격은 그야말로 청천벽력이었다. 백제는 계백이 이끈 5천 결사대의 황산벌 분전을 제외하고는 저항다운 저항 한 번 못하고 순식간에 붕괴되었다.

　백제의 멸망은 의자왕의 국제정세에 대한 판단 실수와 장기간에 걸친 잦은 전쟁으로 인한 국력의 소진 등에서 원인을 찾을 수 있다. 또한 신라에 대한 강경책을 구사한 의자왕과 이를 반대하고 당의 경고를 받아들여 때를 기다리자는 입장을 견지한 성충 일파의 대립도 국론분열을 초래하였다.

　따라서 의자왕이 집권 후반기에 이르러 점차 정치에 의욕을 잃고 환락에 빠져들어 백제 멸망을 부채질하였다는 단편적인 인식은 재고의 여지가 있다. 다만 삼국항쟁이 종국으로 치달으면서 의자왕의 전제왕권 추구와 독단적인 정국운영은 집권층 내부의 분열을 부채질 한 것은 사실이다. 또한 의자왕의 잦은 전쟁과 국력 낭비도 백제의 멸망을 초래한 원인이 되었다.

　백제의 망국 후 시간이 흐를수록 의자왕은 폭군과 부도덕한 군왕의 대명사로 각인되어 갔다. 삼국 모두 치열한 전란을 치르고 있었기 때문에 전쟁으로 인한 백성의 참화는 의자왕의 책임만은 아니었다. 백제가 나당연합군에게 쉽게 무너진 것은 집권층의 분열과 민심의 이반 때문이었다.

부소산성 후문 전경
의자왕은 나당연합군의 공격에 밀려 낙화암 밑에 있는 부소산성 후문을 통해 백마강을 이용하여 공주 공산성으로 피란하였으나 포로가 되는 신세를 면치 못하였다.

그러나 의자왕은 망국의 군주로서 전쟁 패배에 대한 모든 책임에서 자유로울 수 없다. 또한 나당연합군이 사비도성으로 육박할 때 의자왕과 왕실이 보여준 허약하고 패배적인 모습은 관민의 저항의지를 약화시켰다.

백제는 당나라에 맞서 관민이 혼연일체가 되어 싸운 고구려와는 달리 나당연합군의 공격을 받아 한 달을 채 견디지 못하였다. 그러나 당군이 백제의 유민을 가혹하게 대우하자 곧바로 부흥운동이 일어나게 되었다. 백제를 멸망시킨 나당연합군의 군사들은 무고한 장정들을 살해하고 노략질을 하는 등 횡포를 일삼았다.

의자왕의 항복 이후 백제부흥운동을 최초로 일으킨 사람은

부여 낙화암 전경
나당연합군에 밀려 백제의 유민과 궁녀들이 망국의 한을 품고 백마강 푸른 물에 투신한 곳이다.

좌평 정무正武이었다. 정무는 두시원악豆尸原嶽(청양군 정산)에 진을 치고 나당연합군을 공격하였다.[37] 백제부흥군은 복신福信이 투쟁의 전면에 나서면서 조직화되고 단일한 명령체계가 확보되었다. 복신 외에도 왕족 출신의 여자진餘自進이 부흥군을 앞장에 서서 이끌었다.[38]

부흥군이 봉기한 후 대규모 전투가 처음으로 벌어진 곳은

....

37) 『三國史記』권5, 新羅本紀5, 太宗武烈王 7年.
38) 『日本書紀』권26, 齊明紀 26年.

두량윤성(계봉산성)
백제가 멸망한 후 병관좌평兵官佐平이던 정무正武가 백제의 유민을 거느리고 들어와 나당연합군에 저항했다.

충남 예산에 위치한 임존성이었다. 임존성은 원래 백제의 서방西方을 관할하던 방성方城이었는데, 복신이 부흥운동을 장기적으로 이끌기 위하여 항전의 거점으로 삼았다.[39]

소정방은 백제부흥군이 임존성에서 복신을 중심으로 조직적인 저항을 꾀하자 직접 군대를 이끌고 공격에 나섰다. 부흥군은 소정방이 이끈 나당연합군의 대대적인 공격을 받고 험준한 지세를 잘 이용하여 물리쳤다.[40]

....
39) 『舊唐書』권109, 列傳59, 黑齒常之.

백제부흥군은 복신과 도침이 여러 장수를 이끌고 최고 지휘부를 형성하였다. 도침은 스스로 영군장군領軍將軍이 일컬었고, 복신은 상잠장군霜岑將軍이라 칭하며 유민들을 모집하자 그 세력이 더욱 커졌다. 부흥군은 무열왕이 보낸 신라군을 661년 3월에 두량윤성(청양군 정산면 계봉산성) 등에서 격파하여 다시 기세를 떨쳤다.

　　도침은 사기가 올라 유인궤가 보낸 사자를 바깥 객관에 두고 "사자使者의 관직이 낮다. 나는 바로 일국의 대장大將인데, 스스로 참견함은 합당하지 않다"41)라고 하였듯이, 서신에 답하지 않고 사자를 그대로 돌려보낼 정도로 막강한 군세를 자랑하였다.

　　복신은 승세를 타고 부흥운동을 효과적으로 전개하기 위하여 신왕의 옹립과 병력의 지속적 충원 및 군량의 확보, 무기 조달체계의 효율성을 도모하였다. 복신은 부흥운동을 주도하여 유민들의 신망을 받아 전권을 행사하였지만 왕족출신이 아니었기 때문에 지도자로서 갖추어야 할 권위와 상징성이 부족하였다.

　　복신은 귀실복신鬼室福信이 본명으로 부여씨에 뿌리를 두고 있지만 정통이 아니라 왕실의 방계 출신이었다.42) 복신은 국내

....

40) 『三國史記』권28, 百濟本紀6, 義慈王 20年.
41) 『三國史記』권28, 百濟本紀6, 義慈王 20年.

에 명망 있는 왕족이 남아 있지 않아 왜국에 머물고 있는 부여풍을 초빙하였다. 부여풍은 백제가 왜국과 우호관계를 회복한 653년 무렵에 파견되어 왕실외교를 전개한 인물이었다.

복신은 부여풍을 왕으로 추대하여 부흥군의 정통성을 확보하고 왜국의 군사 원조 등의 도움을 받으려고 하였다. 왜국은 복신의 요청을 받아들여 부여풍과 그의 처자 및 숙부 충승忠勝 등을 왜군 5천 명과 함께 661년 9월에 백제로 보냈다.

복신은 부여풍이 귀국하자 왕으로 추대하고 제반 사항을 일임하였다. 복신은 부여풍의 귀국을 계기로 백제의 복국을 선포하면서 주류성을 왕도로 선정하고 관등과 관직 등의 지배 조직을 마련하는 등 국가를 재건을 완료하였다.[43]

신라는 부흥군을 '백제잔적百濟殘賊' 또는 '백제여적百濟餘賊'으로 인식하였지만, 왜국은 부여풍이 즉위한 후 '백제왕풍장百濟王豊璋' 또는 '백제왕百濟王' 등으로 부르며 부흥군의 정통성을 인정하였다. 부여풍이 왕위에 올라 백제의 복국을 선포하자 서부와 북부가 일거에 부흥군에 호응하였다.

---

42) 복신은 『三國史記』권28, 百濟本紀6, 의자왕 20년 조에 의하면 무왕의 從子로 되어 있어 왕족일 가능성이 있다. 그러나 '唐劉仁願紀功碑'에는 鬼室氏로 되어 있기 때문에 부여씨 왕족에서 분기하였을 가능성이 높다(李文基, 1991, 「백제 흑치상지 부자 묘지명의 검토」, 『한국학보』64).
43) 盧重國, 2003, 앞의 책, 122~130쪽.

부여풍이 왕위에 올라 복국이 완료된 후 부흥군은 기세를 크게 떨치게 되었다. 나당연합군은 662년이 되면서 고구려 공격에 주력하게 되었다. 신라는 무열왕이 죽고 문무왕이 즉위한 후 곧바로 당과 함께 고구려 공격을 준비하였다. 나당연합군의 고구려 공격이 시작되면서 부흥군은 한숨을 돌리고 전력을 재편하는 기회를 갖게 되었다.

나당연합군의 고구려 공격은 혹한과 연개소문의 분전에 의하여 실패로 끝나고 원정군은 회군하였다. 당의 고종은 고구려 원정에서 패전을 거듭하자 웅진부성에 주둔하고 있던 당군도 신라로 철군하든지 아니면 본국으로 회군할 것을 명령하였다. 부흥군은 웅진부성에 포위된 나당연합군을 거세게 압박하였고, 당군의 대다수는 본국으로 돌아가기를 희망하였다.[44]

복신은 백제부흥군의 전권을 행사하면서 웅진부성에 고립된 유인원과 유인궤에게 사자를 보내 당군이 물러가면 추격하지 않겠다고 하면서 철군을 유도하였다. 유인궤는 철군론을 일축하고 당군의 계속적인 주둔을 고수하였다. 유인궤의 주장에 대다수의 군사들이 동의하여 당군은 물러가지 않고 웅진부성에 그대로 남게 되었다.

백제부흥군의 활동은 당이 백제 고지에 설치한 5도독부를 유명무실하게 만들었고, 점령군은 포위된 상태로 웅진부성에

---

44) 『舊唐書』권84, 列傳34, 劉仁軌.

고립되어 있었다. 백제고토는 부흥군이 거의 장악하였고, 웅진부성에 포위된 점령군은 신라의 구원을 하염없이 기다릴 뿐이었다.

나당연합군은 662년 7월에 전열을 정비하여 백제부흥군에 대한 반격에 나섰다. 고구려 원정이 662년 3월부터 666년 6월까지 중단되자 백제부흥군의 진압에 전력을 기울일 수 있게 되었다. 이에 앞서 백제부흥군은 내분이 발생하여 복신이 도침을 살해한 사건이 발생하였다.

대전 질현성 성벽
대전광역시 대덕구 비래동 산31-1에 위치하며, 북쪽 능선에는 질현성을 보완하기 위하여 6개의 성보(城堡)를 축조하였다. 부흥군의 거점이었던 지라성으로 보고 있다.

복신은 자신과 함께 부흥운동을 이끌던 도침을 살해하고 병력과 권한을 집중하였다. 복신은 승려 출신 도침이 자신의 세력을 믿고 지휘에 복종하지 않자 제거하였다. 복신이 도침을 제거하고 부흥군의 지휘권을 장악한 비상사태가 발생하였지만 부여풍은 통제하지 못하였다. 부여풍은 실권이 없는 상

징적인 존재에 불과하여 오로지 제사 등의 의례행사를 주관할 뿐이었다.[45]

복신이 도침을 제거하면서 휘하 장졸도 상당수 희생되었다. 당군은 부흥군의 내분을 틈타 662년 7월과 8월에 걸쳐 대전시 유성구 일대에 분포한 지라성, 급윤성, 대산책, 사정책 등을 공격하여 함락하였다.[46] 나당연합군은 경주에서 보은 또는 영동을 거쳐 옥천→대전→공주에 이르는 막혀 있던 군량 수송로를 뚫었다.

나당연합군은 지라성 등을 함락하고 군량 운송로를 안전하게 확보하여 전세를 유리하게 이끌었다. 나당연합군은 승세를 타고 총공격을 감행하여 옛 가야지역과 섬진강 유역을 차지한 후 북상하여 논산의 득안성을 점령하였다.

부흥군은 주류성, 가림성, 임존성 등 한정된 지역만 겨우 유지하였다. 또한 부흥군은 전쟁이 장기화되면서 군량미와 군수물자 등의 확보에 어려움을 겪게 되었다. 부흥군은 주류성을 떠나 비옥한 평야가 펼쳐진 김제의 피성으로 수도를 옮겼으나, 나당연합군의 공세에 밀려 두 달 만인 663년 2월에 돌아오고 말았다.[47]

부흥군은 나당연합군의 적극적인 공세에 밀리게 되었을 뿐

---

45) 『三國史記』권28, 百濟本紀6, 義慈王 20年.
46) 『三國史記』권28, 百濟本紀6, 義慈王 20年.
47) 『日本書紀』권27, 天智紀 2年, 春 2月.

만 아니라, 부여풍과 복신 사이에 갈등이 발생하여 내분이 일어났다. 부여풍이 부흥군의 전권을 장악하고 있는 복신의 독주에 반발하여 갈등이 생겨났다. 두 사람 사이의 갈등은 『구당서舊唐書』유인궤 전에 의하면 "밖으로는 화합하나 안으로는 마음이 떠나 있다…소리개가 날개를 펴서 처소를 같이 하면 그 형세가 반드시 서로를 해친다"[48]라고 하였듯이, 수습하기 불가능할 만큼 악화되었다.

복신은 상황이 악화되자 다른 마음을 품게 되었다. 복신은 실권이 없으면서 갈등을 조장하는 부여풍을 제거하고 자신이 왕위에 오르고자 하였다. 복신은 병을 핑계로 하여 굴속 방에 누워서 부여풍이 문병 오는 것을 기다려 죽이려고 하였다. 그러나 낌새를 눈치 챈 부여풍이 663년 6월에 믿을 만한 사람을 거느리고 복신을 불의에 습격하여 죽였다.[49]

부여풍이 복신을 살해한 사실은 나당연합군에게 곧 알려지게 되었다. 나당연합군은 부흥운동을 실질적으로 이끌던 복신이 부여풍에게 제거되자 주류성 공략에 본격적으로 나서게 되었다. 유인원은 부흥군이 내분으로 약화되자 토벌을 위해 본국에 증원군의 파병을 요청하였다.

당의 고종은 7천 명을 징집하여 손인사孫仁師로 하여금 거느

....

48) 『舊唐書』 권84, 列傳34, 劉仁軌.
49) 『日本書紀』 권27, 天智紀 2年, 6月.

리고 바다를 건너가게 하였다. 문무왕도 김유신 등 28명의 장군을 거느리고 직접 출전하였다. 나당연합군의 수뇌부들은 웅진부성에 모여 전략회의를 가진 끝에 수륙의 요충지인 가림성을 놓아두고 심장부인 주류성을 먼저 공격하기로 결정하였다.[50]

나당연합군의 총공세를 앞두고 왜국의 27,000명에 달하는 지원군이 바다를 건너오자 부여풍이 직접 백강으로 마중을 나갔다. 백제부흥군은 왜국에서 지원군이 도착하자 육상과 해상에서 합동으로 연합작전을 펼쳤다.

나당연합군의 총공격이 시작될 무렵 왜군도 백강 부근에 도착하여 포진하였다. 왜의 군선 1천 척은 백강에 정박하였고, 백제부흥군의 정예 기병은 백강 언덕에서 군선을 호위하는 양동작전을 펼쳤다. 왜의 수군과 당의 수군이 역사적으로 유명한 백강白江 전투를 벌이게 되었다.

백강 전투는 663년 8월 27일에 전개되었는데 먼저 양군 사이에 전초전이 펼쳐졌다. 전투의 결과 왜의 수군이 불리하여 물러났고, 승기를 장악한 당군도 공격을 중지하고 진지를 견고하게 지켰다. 양군의 본격적인 대회전은 다음 날인 8월 28일에 벌어지게 되었다. 왜의 수군은 기상을 고려하지 않고 무리하게 출격하였기 때문에 4번에 걸친 대접전 끝에 참패를 당

----

50) 『舊唐書』권84, 列傳34, 劉仁軌.

하고 말았다.[51]

　왜군의 결정적 패인은 조수간만의 차가 심한 백강의 지세를 잘 알지 못한 데 있었다. 또한 왜군은 나당연합군의 군사력을 과소평가 하여 방어망이 잘 구축된 해상 진지에 무모하게 돌격하여 패배를 자초하였다. 나당연합군은 왜선이 배의 고물과 이물을 돌리지 못하고 움직임이 둔해지자 화공을 퍼부어 대승을 거두었다.

　왜군은 한반도 해역海域에 익숙하지 못한 상태에서 도착한 지 보름 만에 대패를 당하고 말았다. 왜의 수군은 금강 하구의 지리와 지형에 익숙지 못하였고, 왜군의 수전水戰을 후원해야 하는 부흥군에 복신과 같은 경험 많은 노련한 지휘관이 없었던 것이 패전의 다른 이유가 되었다. 나당연합군은 왜군의 전선 400척을 불태웠는데, 그 연기와 불꽃이 하늘을 붉게 하고 바닷물도 빨개졌다고 한다.[52]

　왜군과 당의 수군이 백강에서 해상전을 펼치고 있을 때, 육상에서는 신라군이 선봉이 되어 부흥군과 치열한 전투를 벌였다. 부여풍은 왜군이 해전에서 대패를 당하고, 육지에서도 부흥군이 격파되자 주류성으로 돌아가지 못하고 고구려로 피신하고 말았다.

....
51) 『日本書紀』권27, 天智紀 2年 秋 8月 己酉.
52) 『三國史記』권28, 百濟本紀6, 義慈王 20年.

임존성의 남쪽 성벽
테뫼식 석축산성으로 성벽의 높이는 2.5m, 폭은 3.5m 정도이며, 남쪽의 성벽은 굴곡이 심하여 성내에는 7~8m의 내호가 둘려져 있다. 임존성의 특징은 네 모서리를 견고하게 하기 위해 다른 곳보다 2m 정도 더 두껍게 내탁하였으며, 성의 높이도 더 높게 축조하였다.

    부흥군은 사기가 꺾여 별다른 저항 없이 주류성을 나당연합군에 내주고 말았다. 나당연합군의 육군은 8월 13일에 도착하여 주류성을 포위한 후 대치하다가 백강 전투의 승세를 타고 사기가 떨어진 백제부흥군의 항복을 663년 9월 1일에 받았다. 주류성이 함락되자 부여풍의 숙부인 충승忠勝과 충지忠志 등이 남은 무리를 이끌고 항복하였다. 부흥군의 주요 거점이었던 두량윤성을 비롯한 여러 거점들도 차례로 항복하고 말았다.[53]

    주류성의 함락에도 불구하고 북부의 거점이었던 임존성에 주둔한 부흥군은 항복하지 않았다. 시수신遲受信이 버티고 있던 임존성을 공격하기 위하여 문무왕이 손수 신라군을 이끌고 출전하였다. 신라군은 10월 21일부터 보름 동안 쉬지 않고 임존성을 공격하였으나 함락하지 못하고 철수하였다.

신라군이 임존성을 함락하지 못하고 철수하자 당군이 대신하게 되었다. 당군은 직접 나서지 않고 주류성이 함락될 때 항복한 흑치상지와 사타상여를 보내 임존성을 공격하도록 하였다. 두 사람이 임존성을 함락하니 지수신은 처자를 버리고 고구려로 달아나고 나머지 사람들은 항복하였다. 최후의 항전 거점이었던 임존성이 함락되면서 부흥운동은 종말을 고하였다.[54]

---

53) 『三國史記』권7, 新羅本紀7, 文武王 3年.
54) 『三國史記』권28, 百濟本紀6, 義慈王 20年.

색인

[가]

개로왕　149, 151, 153, 154, 155, 156, 157, 158, 159, 160, 161, 162, 163, 164, 165, 166, 167, 168, 169, 172, 173, 177, 183, 184, 196, 234
개루왕　32
건마국　28, 35, 59, 79
계루집단　16
계백　274, 277, 281, 282
계왕　82, 83, 84, 85
고국양왕　107, 108, 109
고국원왕　81, 90, 91
고도　227
고이만년　165, 168
고이왕　19, 31, 38, 47, 48, 49, 50, 51, 52, 53, 54, 55, 56, 57, 58, 60, 61, 65, 72, 76, 97
고조　235
고흥　93
곤씨　64
곤지　155, 160, 161, 177, 178, 179, 183, 196
골족　200
공납지배　88
공산성　60
관구검　38, 76
관등제　36
관세음응험기　254
광개토왕　110, 111, 112, 118, 119, 122, 123, 124, 125, 131
광개토왕릉비　117, 122
광개토왕비문　131
교기　258, 259, 262, 263
구당서　291
구수왕　32, 48, 72, 73
구이신왕　137, 140, 141, 142, 143, 144, 145, 150, 153, 155, 183
국지모　248
근구수왕　93, 94, 95, 96, 97, 100, 103
근군제국　34, 37, 40
근초고왕　19, 21, 50, 81, 82, 83, 84, 85, 86, 87, 88, 89, 90, 91, 92, 93, 94, 95, 101, 113, 119, 125, 132, 134, 136, 142, 148, 164, 230, 234
기루왕　32
기미　259, 262
기벌포　277, 278
기이　135

[나]

나국　16
낙랑군　28, 33, 34, 38, 45,

색인

56, 59, 67, 80
남당 55, 56
내물왕 20
내신좌평 50
노객 118
늑로현 250

[다]
다루왕 32
담로제 88, 162
대관사 254
대방군 38, 44, 45, 56, 59, 61, 67, 80
대석색국 34
대왕 157
대왕포 254
도림 166
도모 19
도침 286, 289, 290
동명왕 66, 134
동성왕 181, 182, 183, 184, 185, 186, 187, 188, 189, 190, 191, 192, 193, 194, 195, 196, 198, 199, 200, 202, 203, 205, 207, 217
동예 39
동이교위부 56, 57, 59
동진 19
두지 106, 107

[마]
마라난타 100, 102
망해루 255
맹자 29
모본왕 17
모수국 34
모용외 74
목라근자 142
목만치 141, 142, 143, 145,
목지국 28, 29, 31, 33, 34, 35, 59, 79, 141
목협만치 177
몽촌토성 41, 42, 60, 168
무기단식 적석총 23, 24, 26, 27
무독 87
무령왕 183, 191, 196, 197, 198, 200, 201, 202, 203, 204, 205, 206, 207, 208, 210, 211, 214, 215, 217, 255
무왕 242, 243, 244, 245, 246, 247, 248, 249, 250, 251, 252, 253, 254, 255, 258, 259, 260, 261, 268, 269, 273
문독 87
문주왕 160, 172, 173, 175, 176, 177, 178, 179, 182, 198
미지기지 233

299

미후 264

[바]

방군성제 207
백가 186, 192, 193, 195, 196,
198, 199, 200, 201,
202
백강 292
백제 18, 19, 20
백제국伯濟國 18, 19, 20, 35,
51, 75
백제신찬 197
법왕 240, 242, 244
별도 253
보과 58
복색 55
복신 284, 285, 286, 287,
288, 289, 290, 291,
293
부병 64
부소산성 60
부여 37
부여융 242
부장 64
부중 74
분서왕 66, 67, 68, 69, 72,
73, 78, 80, 82, 84
비류 19
비류수 16
비류왕 20, 72, 73, 76, 77,
79, 80, 81, 82, 83,

84, 137
비유왕 144, 145, 146, 147,
149, 150, 151, 152,
153, 154, 155, 156,
183, 183, 184

[사]

사두 120
사마왕 210
사반왕 32, 43, 46, 47, 48,
72
사성 60
사약사 185
사타상여 295
사택지적 259, 262, 263
삼국사기 14, 17, 50, 75, 82,
129, 139, 175, 214,
217, 222, 242
삼국유사 19, 21, 49, 135,
242
삼국지 19, 31, 32, 34, 35,
40, 51, 75
삼근 177
삼근왕 135, 137, 176, 179,
180, 181, 182, 183,
184, 198
상비군 36
상영 274, 277
상외국 34
서기 93
서손 18

서진 56
석률 248
성덕태자 238
성왕 209, 214, 215, 216, 217,
　　　218, 219, 220, 221,
　　　222, 224, 225, 226,
　　　227, 228, 230, 231,
　　　238, 239, 251
성충 279, 282
세형동검문화 25
소노집단 16
소서노 14, 16
소석색국 34
소수림왕 100, 110
속일본기 19
속전 54
속함성 250
수서 20, 50, 242, 244
승준 238
신미국 35, 59
신분고국 34
신제도원 147
16관등 55, 87, 31
십제 18, 19

[아]
아단성 60
아신왕 85, 105, 114, 115,
　　　116, 117, 118, 119,
　　　120, 121, 123, 124,
　　　125, 128, 129, 130,
　　　131, 132, 134, 137,
　　　148, 180
아이부인 100
아좌 238, 239, 245
아화왕 129
안장왕 215, 216, 217
야마토大和 정권 125
양서 208, 214
양서 50
여곤 157, 159, 160
여기 155, 157, 159
여도 158, 160, 161
여신 140, 141
여예 158
여자진 284
여창 225, 226, 230
연돌 191, 195, 202
연모 217
연문진 247
연타발 15
영서예 33
5부제 88
5좌평회의체 136
왕변나 235
왕효린 247
우리 22
우보 52, 54, 64
우복 77, 78
우수 50
우씨왕계 50
우씨집단 46
우태 15, 18

우휴모탁국　34
원양국　34
위덕왕　230, 231, 232, 233,
　　　　234, 235, 236, 237,
　　　　238, 239, 240, 241,
　　　　244, 245
위례　22
위충　236
유리　15
유리왕　17
유주자사　38
6좌평　55
6좌평제　31
율령 반포　110
응준　80
의자왕　242, 258, 261, 262,
　　　　263, 264, 265, 266,
　　　　267, 268, 269, 270,
　　　　272, 273, 274, 275,
　　　　277, 279, 280, 281,
　　　　282, 283
의직　267
이굴가　272
이성산성　41
이식　280, 281
인수　38
일본서기　89, 103, 129, 142,
　　　　193, 196, 214, 222,
　　　　226, 228, 230, 238
임자　275

[자]
장수왕　117, 146, 147, 148,
　　　　149, 152, 156, 163,
　　　　166, 168, 172, 173
재증걸루　165, 168
전륜성왕　254
전연　81
전지왕　133, 134, 135, 136,
　　　　137, 138, 139, 140,
　　　　141, 144, 145, 148,
　　　　152, 153, 155, 180
정무　284
정사암　136
정약용　21
제석사　254
제솔회의체　136
제신회의체　136
조미걸취　177
좌보　64
좌장　51, 54
주사　35
주서　19, 50, 51
즙석묘　24
즙석봉토분　24
즙석식 적석묘　24
지수신　294, 295
지층　215
직지왕　142
진가모　106, 107, 108, 109
진남　179, 180, 182, 184
진동장군낙랑태수　92
진로　179, 180, 182, 184, 186,

195, 202
진무　113, 114, 115, 117, 120
진물　54
진번군　28
진사왕　103, 104, 105, 106, 107, 108, 109, 110, 111, 112, 113, 114
진서　19
진수　51
진씨뢰　52
진씨왕비족시대　85
진왕　29, 31, 32, 33, 35
진의　78, 84
진정　84, 85, 86
진충　51, 54
진한 8국　39, 40, 43, 53, 54
징세체제　36

[차]
책계왕　58, 59, 60, 61, 65, 66, 67, 68, 72, 73, 78
청계　58
초고왕　32, 48
충상　277
치안기구　36
치양　90
침류왕　100, 102, 103, 104, 105, 106
침미다례　90, 129

[타]
탄현　277
태조왕　16, 17, 20
태학 설립　110

[파]
팔왕의 난　58, 59
풍납토성　41, 42, 59, 60, 168

[하]
한산성　41
한예　33
해구　77, 137, 177, 179, 180, 184, 198
해동증자　261
해명　200
해부루　15, 18
해수　140, 141, 146, 246
해씨 집단　17
해충　133, 134
혈례　132, 133
혜왕　238, 239, 240, 241, 244
황산벌　278, 281, 282
후한서　17, 19, 34, 35
훈해　132, 133
흑치상지　274, 295
흘씨　64
흠명　225